U0523912

哈佛商务指南系列②

打造优势团队
——创建强有力团队的全套技巧

哈佛商学院出版公司 编

邢三洲 译

商务印书馆
2012年·北京

Creating Teams with an Edge

The Complete Skill Set to Build Powerful and Influential Teams

Original work copyright © Harvard Business School Publishing Corporation.

Published by arrangement with Harvard Business School Press.

图书在版编目(CIP)数据

打造优势团队——创建强有力团队的全套技巧/哈佛商学院出版公司编;邢三洲译.—北京:商务印书馆,2007.4(2012.6重印)
(哈佛商务指南系列)
ISBN 978-7-100-05173-6

Ⅰ.打… Ⅱ.①哈…②邢… Ⅲ.企业管理-组织管理学 Ⅳ.F272.9

中国版本图书馆 CIP 数据核字(2006)第 089285 号

所有权利保留。
未经许可,不得以任何方式使用。

打造优势团队
——创建强有力团队的全套技巧
哈佛商学院出版公司 编
邢三洲 译

商 务 印 书 馆 出 版
(北京王府井大街36号 邮政编码 100710)
商 务 印 书 馆 发 行
北京瑞古冠中印刷厂印刷
ISBN 978-7-100-05173-6

2007年4月第1版　　开本 710×1000　1/16
2012年6月北京第2次印刷　印张 14¼
印数 5 000 册

定价:36.00元

商务印书馆—哈佛商学院出版公司经管图书翻译出版咨询委员会

（以姓氏笔画为序）

方晓光　盖洛普（中国）咨询有限公司副董事长
王建铆　中欧国际工商学院案例研究中心主任
卢昌崇　东北财经大学工商管理学院院长
李维安　南开大学国际商学院院长
陈国青　清华大学经管学院常务副院长
陈　儒　中银国际基金管理公司执行总裁（CEO）
陈欣章　哈佛商学院出版公司国际部总经理
忻　榕　哈佛《商业评论》首任主编、总策划
赵曙明　南京大学商学院院长
涂　平　北京大学光华管理学院副院长
徐二明　中国人民大学商学院院长
徐子健　对外经济贸易大学副校长
David Goehring　哈佛商学院出版社社长

致中国读者

哈佛商学院经管图书简体中文版的出版使我十分高兴。2003年冬天,中国出版界朋友的到访,给我留下十分深刻的印象。当时,我们谈了许多,我向他们全面介绍了哈佛商学院和哈佛商学院出版公司,也安排他们去了我们的课堂。从与他们的交谈中,我了解到中国出版集团旗下的商务印书馆,是一个历史悠久、使命感很强的出版机构。后来,我从我的母亲那里了解到更多的情况。她告诉我,商务印书馆很有名,她在中学、大学里念过的书,大多都是由商务印书馆出版的。联想到与中国出版界朋友们的交流,我对商务印书馆产生了由衷的敬意,并为后来我们达成合作协议、成为战略合作伙伴而深感自豪。

哈佛商学院是一所具有高度使命感的商学院,以培养杰出商界领袖为宗旨。作为哈佛商学院的四大部门之一,哈佛商学院出版公司延续着哈佛商学院的使命,致力于改善管理实践。迄今,我们已出版了大量具有突破性管理理念的图书,我们的许多作者都是世界著名的职业经理人和学者,这些图书在美国乃至全球都已产生了重大影响。我相信这些优秀的管理图书,通过商务印书馆的翻译出版,也会服务于中国的职业经理人和中国的管理实践。

20多年前，我结束了学生生涯，离开哈佛商学院的校园走向社会。哈佛商学院的出版物给了我很多知识和力量，对我的职业生涯产生过许多重要影响。我希望中国的读者也喜欢这些图书，并将从中获取的知识运用于自己的职业发展和管理实践。过去哈佛商学院的出版物曾给了我许多帮助，今天，作为哈佛商学院出版公司的首席执行官，我有一种更强烈的使命感，即出版更多更好的读物，以服务于包括中国读者在内的职业经理人。

在这么短的时间内，翻译出版这一系列图书，不是一件容易的事情。我对所有参与这项翻译出版工作的商务印书馆的工作人员，以及我们的译者，表示诚挚的谢意。没有他们的努力，这一切都是不可能的。

哈佛商学院出版公司总裁兼首席执行官

万季美

打造优势团队

目 录

造优势团队

目　录

序言 ··· 1

1　团队的概念——先弄懂这些 ······················· 1
　　为什么非要是团队? ································· 5
　　你真的需要一个团队吗? ···························· 8
　　收益和成本 ··· 9
　　做用不用团队的决策 ································· 10
　　小结 ··· 12

2　高效团队的基本要素——团队成功的基石 ······ 15
　　能力 ··· 17
　　明确的共同目标及其绩效评估标准 ············· 18
　　共同目标承诺 ·· 20
　　人人贡献,大家受益 ···································· 23
　　支持环境 ··· 25
　　一致 ··· 26
　　小结 ··· 28

3　组建团队——团队相关人员和团队章程 ········ 29

团队发起人 ··· 31
　　团队领导 ··· 34
　　团队成员 ··· 37
　　协调人 ··· 45
　　团队章程 ··· 46
　　把行为与奖励挂钩 ··· 50
　　小结 ··· 51

4　顺利开始——迈出重要的第一步 ····································· 53
　　开一个发起会 ··· 55
　　确定如何决策 ··· 57
　　制定工作计划和工作进度计划 ······································· 60
　　订立成功的衡量标准 ··· 65
　　做预算 ··· 66
　　创建整合机制 ··· 67
　　树立行为准则 ··· 72
　　小结 ··· 74

5　管理团队的挑战——领导的关键所在 ································· 77
　　领导的角色 ··· 78
　　鼓励团队认同 ··· 87
　　提防团体盲思 ··· 92
　　管理团队创新 ··· 94

管理冲突 …………………………………………… 99
　　　小结 ………………………………………………… 102

6　像团队一样运转——将想法付诸工作 ………… 105
　　　关注团队流程 ……………………………………… 107
　　　一点点地攻克任务 ………………………………… 114
　　　支持团队学习 ……………………………………… 116
　　　评估绩效 …………………………………………… 119
　　　小结 ………………………………………………… 123

7　虚拟团队——对协作的一项挑战 ……………… 125
　　　收益和挑战 ………………………………………… 127
　　　虚拟团队用到的技术 ……………………………… 128
　　　管理虚拟团队 ……………………………………… 137
　　　培训你眼睛看不到的团队 ………………………… 143
　　　小结 ………………………………………………… 145

8　做个具有团队精神的人——派给你的最重要的任务 … 147
　　　乐意接受新想法 …………………………………… 149
　　　乐意接受不同的工作方式 ………………………… 151
　　　分享你所拥有的 …………………………………… 152
　　　寻求选择方案 ……………………………………… 153
　　　与来自不同职能部门的人发展好工作关系 ……… 154

寻找双赢的解决方案 ·············· 155
只参加那些你看重其目标的团队 ·············· 157
做一个可靠的团队伙伴 ·············· 158
以结果为导向 ·············· 158
小结 ·············· 160

附录 A:有用的实施工具 ·············· 161
附录 B:有效培训的指南 ·············· 167
附录 C:解决团队问题的指南 ·············· 177
注释 ·············· 181
术语表 ·············· 187
扩展阅读 ·············· 191
顾问和作者简介 ·············· 199
译后记 ·············· 203

打造优势团队

序 言

序　言

阿波罗团队第一次把人送到了月球上。最早的个人电脑——Mac和IBM——都是小团队的创造。1980年前后金牛座团队(Team Taurus)将福特汽车公司从严重的衰退中拯救出来——由其设计的新客车成了北美地区的畅销车。

纵观今日人类取得的成就可谓与团队的功劳密不可分。在商界,团队随处可见,甚至成了一种时尚——以至于让有些人错误地认为通过团队来解决问题和处理机会是流行的管理方法。实际并不像人们想的那样。从过去到现在一直有着团队做事的例子,早已不再新鲜。例如,当年叛逆的美国人召开了大陆会议(Continental Congress),他们决定起草一份独立宣言把美国从大英帝国中独立出来。这份宣言就是由一个团队写作完成的。这个团队中的两个人后来当上了美国总统:一位是来自马萨诸塞的约翰·亚当斯(John Adams);另一位是托马斯·杰斐逊(Thomas Jefferson),这个年轻的弗吉尼亚人有着非凡的语言才能。来自宾夕法尼亚的本杰明·富兰克林(Benjamin Franklin)又对宣言的草稿做了一些修改。数年之后,正在总统任上的托马斯·杰斐逊想要对他通过路易斯安那购地交易(Louisiana Purchase)从拿破仑

(Napoleon)手中买到的半个大陆有更多的了解。他既没有把这个任务交给某个人,也没有分配给哪个政府部门去做,更没有命令某支军队去做。其实,他把这件棘手的事情授权给了一个由32个人组成的团队——被他誉为"发现之队"(the Corps of Discovery)。这个任务是如何发起的,人员是如何挑选、配置的,团队是怎样领导的?这些问题的答案为所有渴望成功的团队提供了借鉴。

作为这次冒险行动的发起人,杰斐逊把团队的领导权交给了一个他相当信任的上尉军人,即29岁的弗吉尼亚人梅里韦瑟·刘易斯(Meriwether Lewis)。一开始杰斐逊还做好了另外两件事。第一件,他讲出自己想要的结果:探索密苏里河以及这条河流向太平洋的支流,进而探寻出一条穿越西北部未知地域的水路。这条水路的价值对于新生的合众国难以估量——可以降低航行的成本和风险,还可以为这片新获取的国土打开定居之门。杰斐逊还想了解密西西比河以西土地的更多信息,比如动植物以及当地的土著部落等。

第二件,作为发起人的杰斐逊还为刘易斯备好了探险所需的钱物。尽管有许多反对者把这次探险嘲讽为脑子发热的行为,杰斐逊还是让国会拨出了专款。杰斐逊还授权刘易斯挑选那些能够帮助完成任务的人员。

指明了团队的大方向,给予资源支持后,杰斐逊把具体的事情留给刘易斯去做。除了召集团队,刘易斯还挑选团队所需要的技能,决定要携带的具体补给物品和装备,定好团队要走的路线。

在组建团队时,刘易斯选择了那些技能互补的人:在边疆摸爬

造优势团队

滚打过、性格坚毅的士兵，他们有着在野外生活的能力和丰富经验；经验老到的猎手在从东部调运补给品时会派上用场；还有内河水手，他们熟悉如何走好逆密苏里河而上的第一段航程。刘易斯还请来一个副手，威廉·克拉克（William Clark），两人一起领导这个团队。克拉克拥有野外生存的知识以及与印第安人相处的经验，当然他还具有刘易斯钦佩和信任的领导素质。

刘易斯通过特殊训练来增强自己的能力。听从杰斐逊的建议，他到费城去花了几个月的时间跟从本杰明·拉什（Benjamin Rush）医生学习医疗方法。全美最知名的自然科学家，本杰明·史密斯·巴顿（Benjamin Smith Barton），教刘易斯用最新的科学方法观察动植物、保存标本、对发现物进行记录和分类。刘易斯还学会了使用六分仪和计时器。这两样东西在确定团队行程中的地理位置时是不可或缺的。

像其他许多成功的团队一样，"发现之队"也会根据具体情况的变化来调整其成员构成。第一段行程结束后，那个内河水手，对团队就无所贡献了；刘易斯就安排他带着科学标本还有给总统的行程进度报告回家了。根据需要，其他能手被补充到团队中。鉴于语言技能的缺乏，团队找来了一个叫沙博诺（Charbonneau）的边境贸易商，他是法裔加拿大人，曾经在曼丹（Mandan）部落中生活过。沙博诺会说曼丹部落的语言；更可喜的是，他的妻子萨卡加维亚（Sacagawea）是一个希达察人（Hidatsa），她会说队伍西进过程中将遇到的当地部族的语言。

在这些探索者向太平洋沿岸进发和返回的长途跋涉中，要做出许多现场决策。该走河的哪条支流？遇到部落酋长时该怎么办？在哪里落脚才可以度过漫漫严冬？远离家乡，与发起人失去联系，所有事情只能靠自己决定，而不可能求助于远方的领袖。因为团队是像军团那样组织的，所以大多数情况下由他们的长官——刘易斯和克拉克拿主意。其他的选择都是由大家一起来定。无论如何，任何决策和选择都必须服从于团队任务的目标。

"发现之队"的旅程是一段精彩绝伦的故事，写满了冒险、机智和对目标的孜孜以求。作为商人，你不会碰到如此多彩而又富于挑战的任务，但你还是会面对一些情况，同样的团队管理方法仍然颠扑不破。

你在组织团队、基于团队工作方面都准备得怎么样呢？你熟悉成功团队的特点吗？团队工作怎样才能够在整体上与组织的工作相协调？追求团队目标的过程中，你明白团队领导、成员、发起人各自扮演什么样的角色吗？在选任团队成员时你看重的又是什么？

本书只对其中部分问题提供了解决的方法。像哈佛商务指南系列中的其他书一样，写这本书的初衷不是让你成为团队方面的专家，也不是带你到相关的学术研究领域中阅读冗长的论述；相反，它只会在你成为团队发起人、领导或者成员时助你一臂之力。

本书各章内容

本书共分8章。第1章介绍基本概念：团队和传统的工作群

造优势团队

体有哪些区别，组织中用到的不同类型的团队，基于团队工作的成本和收益，如何确定团队是否是完成任务的最佳方法。

你一旦选定了团队，那么第2章就告诉你如何开始。本章援引最好的管理学论著来阐释成功团队所需具备的素质。这些素质包括：能力，明确的目标，做出承诺和能够有所奉献的成员，可行的结构，组织内部的支持环境，团队的目标及团队应得的奖励与组织的目标挂钩等。

第3章是有关组建团队的内容。它介绍基于团队工作所涉及的人员：发起人，团队领导，团队成员和协调人；还研究了这些人在团队中的不同角色以及如何选任他们。本章最后介绍的是团队章程，即发起人授予团队的权力和团队的使命。没有章程，团队就可能搞不清要自己干什么。

圆满完成团队组建后，需要做的是让团队工作顺利开始，这是第4章的主题。团队要成功必须做什么，必须做好什么，本章为这些问题提供了实用的建议。本章对召开团队的发起会、采纳决策规则的重要性、对工作进行规划和树立团队行为准则等问题进行了探讨。

很可能你是位经理或主管。如果真是的话，你从你的新角色——团队领导或团队成员的经历中得到的许多技能都会派上用场。你有足够多的机会去做计划，做预算和控制预算以及激励人员等等——这些事情你每天都要做。团队还会向经理提出一些独特的挑战，第5章论述了它们。具体有：团队认同的好处以及如何建立团队认同，团体盲思的危险性，团队领导的独特角色。这里讲到,团队领导不应该像老板一样行为,否则就会抵消从基于团队的工作中所能获取的独特优势。

团队一旦组建完成,并开始朝向目标努力的时候,领导和成员就要注意团队运转了。第6章讲述团队运转的问题。更具体一点讲,本章阐释的是领导和成员怎样检查协作和信息分享程度,怎样激励人员。本章还讨论了团队学习,做哪些事情可以确保大家尽快学会协同高效工作。

第7章研究的是虚拟团队——成员分布在不同地方的团队。虚拟团队把更为多样化的技能和更为广泛的兴趣聚集到一起,变不可能为可能。有了虚拟团队,孟买和圣何塞的软件工程师、旧金山的营销高手、巴黎的协销伙伴、纽约的执行官这些人一起工作不再是什么难事。理想的团队;不是吗?不幸的是,与这些好处同步到来的还有对管理的独特挑战。由于没有面对面的交流,这种团队在建立团队认同、任务协作和信息分享等方面会遇到比普通团队更多的困难。好的管理和使用合适的技术可以扫平这些难题。第7章告诉你怎么做。

如果领导和成员都能具有团队精神,团队工作就会做得非常出色。但这事不是自然的,例如,成员在个体行为者和团队协作者这两种角色之间寻求一种平衡就很困难。习惯于指使别人的人也有必要学会像个同事一样与人相处。第8章为你提供一些建议来平衡这些不同的角色。

这8章内容涵盖了你要成为高效的团队成员或者领导所应知道的基本材料。如果你想有更深入的了解,本书专门设置了"扩展

阅读"这部分供你参考；里面列出了现在能查找到的有关创建和管理团队方面的论文和书籍，并加上了注解。

最后是本书的附录。除了"扩展阅读"和一个"术语表"以外，附录包含以下内容：团队成员训练指南，一些有用的工作表和核查表，关于解决各种阻碍团队的问题的指导。可以从哈佛商务指南（Harvard Business Essentials）系列网站上下载这些工作表和核查表，网址是 www.elearning.hbsp.org/businesstools。

本书的材料来源于哈佛商学院出版社出版的图书、论文和网络出版物。其中特别要提到的，是哈佛管理导师（Harvard ManageMentor®）在线服务上的领先团队模型。其他材料的来源都列于本书后面的注释中。

打造优势团队

1 团队的概念

打造优势团队

1 团队的概念
——先弄懂这些

本章提要

- 团队与工作群体的区别
- 团队的类型
- 团队的收益和成本
- 确定团队是否是处理任务的最佳方法

团队这个词在各种组织中用得相当随意。老板会跟雇员说:"我们每人都是团队的一员。"团队就意味着统一目标、协作,对有些人来说它还能体现出大家的平等。然而并不是工作场合中结成的每种团体都能够称得上是团队;它们通常只不过是些**工作群体**而已。在工作群体中,成员们都由同一个经理或主管指挥,而在完成任务时成员相互之间却没有多少合作的必要。图1-1直观地展现了典型工作群体的成员之间的联系。我们看出,每个雇员都是在经理的指挥下完成自己的任务。协作仅存在于经理和各个雇员之间,而雇员与雇员**之间**却没有协作的必要。各个雇员只需向老板汇报工作。

团队的概念

图 1—1

工作群体

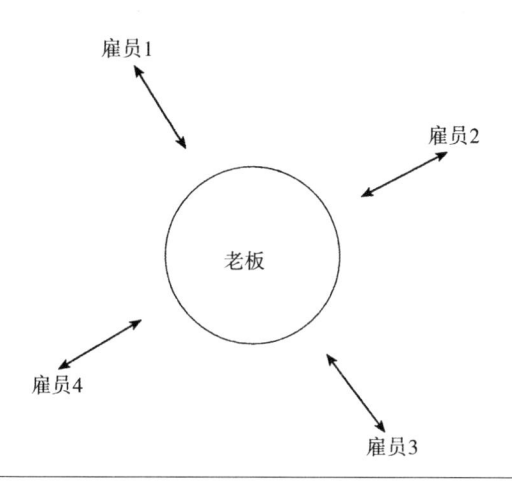

```
            雇员1
              ↕
                    雇员2
                     ↙
         ┌─────┐
         │ 老板 │
         └─────┘
         ↗       ↖
      ↙              ↘
  雇员4              
              雇员3
```

　　许多部门和部门中更小的组织单位都是通过工作群体的模式来开展工作的。每个雇员都直接听命于自己所在群体的领导或经理。每个人只专注于自己的工作，与别人通常没有什么交流。事实上，作为群体领导者的经理也是这样告诫每位成员的："我们的集体目标就是这样，而这份是要你做的。"每个人都遵照指示去做，接着目标也就实现了。重要的决策，还有把大家干的零碎工作拼到一起都是老板要做的事；而在团队的环境中，这些正是成员们自己大显身手之处。

　　工作群体有某些优势。要求协调的事情被降到最低限度。而且，假如具备以下条件：(1)在本小组内成员们不乏实现集体目标所需要的各种技能，(2)工作恰当地做了分配，(3)领导对实现目标所应知道的事情做到心中有数，那么一切工作都不会出问题。

当然，传统的工作群体也不少缺点。经理做决策需要整合各种信息以及每位成员的工作情况，这无疑是很耗费时间的。还有，决策权由一人独揽会是比较危险的。

恰恰不同于传统工作群体的是，团队就不仅仅是在同一间屋子中或者在同一个经理指挥下干活的一群人了。团队由具有互补技能的一群人组成，他们对共同目标做出承诺，由此他们相互依靠。像图1—2所表示的，为了完成共同目标，团队成员之间、成员与领导之间都要进行互动。成员做好自己的工作时需要别人的支持。他们完成任务时相互依靠；他们需要领导提供资源、在必要的时候给予指导、并与组织中的其他人建立联系。工作群体的决策权由经理独享，团队的情况截然相反，多个人的实际知识和经验都可以在决策中反映出来，这样的决策当然来得好些。

J.理查德·哈克曼(J. Richard Hackman)在《领先团队——为取得巨大成就做好准备》(*Leading Teams*: *Setting the Stage for Great Performance*)一书中总结出真正团队的四个基本特征："有一个团队任务，有明确的工作范围，有控制自己工作进程的特定权力，在一个合理的期限内有稳定的成员构成。"[1]这显然不是给工作群体下的定义。经理们弄清真正的团队和传统的工作群体之间的区别很重要，这样可以避免把二者混淆起来。正像哈克曼所写到的："只要做得好，无论哪种战略都会带来好的结果。最坏的是传递混乱的信号：每个人都在各干各的时却非要把它冠名为团队，或者把本是整个团队来承担的任务归到个体成员头上。"[2]

图1—2

团队

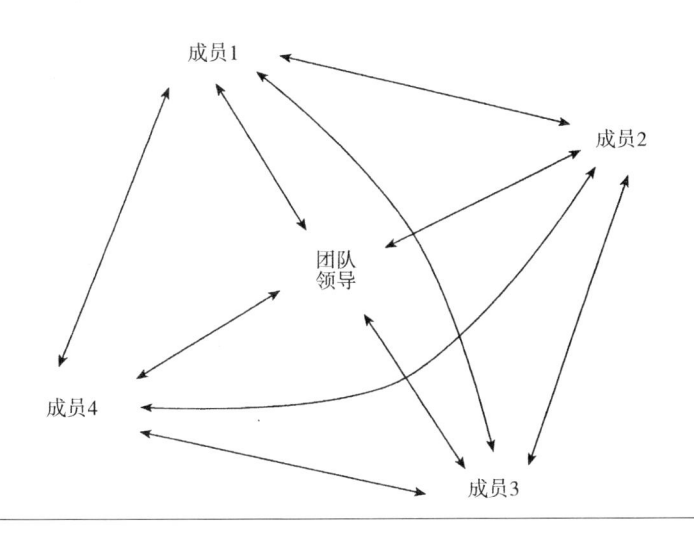

```
     成员1
      ↑↓
   ↗  ↓↑  ↘
  ↙   团队   成员2
      领导
  ↘    ↑↓    ↗
   ↘   ↓↑   ↙
  成员4 ←→ 成员3
```

注意：事实上，很多工作群体和团队并不完全吻合上述所给的严格定义。相反，它们二者身上多多少少都有些对方的特点。实际上，这两类不同的工作组织单位构成一个渐变的连续体，它们中的大部分工作组织单位位于两端之间的某一点上。

为什么非要是团队？

各种组织总是为不同的目的而组建不同的团队，下面是其中的一些团队类型：

- 高级管理团队，发展企业理念、制定企业政策以及确定企业的发展方向。

造优势团队

- 任务团队，通过实施具体的计划来解决问题和处理机会。
- 质量团队，处理具体的质量、产量以及服务问题。
- 自我管理工作型团队，每天碰头以落实整个的工作流程。
- 虚拟团队，特定任务把分散在不同地方的各个成员连到了一起。

从实用的立场看，这些分类及其概念的界定并不重要，不同的组织对它们的具体运用也不是十分严格。不过其中的两个值得研究：自我管理工作型团队和项目团队。它们两个是现在用得最为广泛的团队。

自我管理工作型团队

自我管理工作型团队是由一群得到授权、处理正在进行的特定任务的人构成的。大多数情况下，这种团队有权挑选自己的领导和新成员，甚至还可以解雇那些对团队无所贡献或不能达到团队标准的成员。看看下面这个例子：

在一家小型钢铁厂中，每八个雇员组成一个自我管理工作型的生产团队。每个团队都被分配了生产目标的底线，而且都强烈地渴望去赶超目标。每个团队在需要的时候都有权面试和雇用新成员。在公司确定的范围内，大家也可以让那些不安全、经常迟到、拉团队后腿的个别成员走人。

团队成员们选举自己的领导，经常是由大家轮流担当，大家一起工作来改善工序和确定进度。需要维护时他们也有权决定。

这种类型的团队每天做的工作都大同小异。团队成员对选择最佳方法完成工作有实质的判断,并且他们有确定最佳工序和保持产量增长的意愿。

项目团队

与自我管理工作型的团队不同,项目团队是为处理有固定期限的非常规任务而组织起来的。期限短的可能只需一周左右,长的会持续一年以上。工作完成后,团队也就解散了。对于那些持续时间长、成员多的大项目,常常设有团队领导和项目经理。看看下面这个项目团队的例子:

菲普斯公司(Phipps Corporation)是一家拥有270名员工的通信公司。这么多的人远超出了现有办公空间的容纳限度,于是公司谈妥了一项租赁协议——租一个位于几个街区外的新地点作为办公区。还剩十个月就要搬家了,公司的CEO组织了一个项目团队来处理搬迁的具体细节问题。人力资源部副经理被CEO任命为该团队的领导,她从各部门中抽调代表作为成员组成团队。

团队要做的事很多。首先要制定一个计划,决定每个部门都要搬到新办公楼的什么位置。要做的工作还有:安装信息技术设施、电话,找建筑承包商对楼的结构做一些小的改变,雇个搬家公司,请个办公家具公司来帮着挑选公司需要的办公设施。人力资源部副经理不是每天都有时间管理团队事务,她就让一个能干的中级经理在接下来的几个月中每天花三分之一的时间来让该项目运转起来。

搬迁工作一完成,这个项目团队也就解散了。

你真的需要一个团队吗？

你真的需要团队处理一项特定工作吗？它是你实现目标的最佳途径吗？大多数情况下答案是否定的。正常的工作流程或者单人就能解决组织中大多数的事情。例如,销售经理要求每名业务员估计一下自己负责的片区中某一特定产品的需求量;这件事用不着团队来做,每个业务员自己就能搞定。同样道理,银行处理常规的贷款申请也没有必要通过团队完成,一个由贷款部设计好的工作流程就能轻松应对。事实上,办理贷款申请每次都大同小异,鲜有变化;快速、高效的工作流程处理这件事情非常理想,不需要动用团队。

如果任务既简单而又符合常规做法,就不需要雇员相互协调工作,不需要多样化的经验和技能,从而就没有必要让团队来处理这些事情。可是,碰到下面这些情况,团队解决问题就是最佳方式了:

- 没有哪一个人全部具备做好某项工作的知识、经验和视角。
- 人与人之间需要高度依赖从而完成工作。
- 目标具有独特的挑战性。（注意：一种不常出现的、独特的、具有挑战性的任务需要由一个项目团队来做；可事实上，连续出现的挑战性任务常常是由自我管理工作型团队来做，像完成生产定额等。)

当相似的情况出现时你们的组织现在又是如何做的呢？如果还没有采用团队的方式，那么现在是该考虑用它的时候了。

收益和成本

团队的收益和成本与传统的工作群体很不相同。如果团队运转良好，它具有很多优势：

- 它们能创造性地解决问题。
- 群体决策使具体负责实施决策结果的人更容易接受决策的结果。
- 团队能够汇集分散在不同职能部门的人员身上的技能来对付难题。
- 团队能够挖掘成员们的人际网络来获取更多的信息和实际知识。
- 它们能在企业中产生更好的沟通和协作。

团队工作的很多优势来源于其成员技能和经验相加的协力。另外，团队倾向于建立全新沟通流程以使不断冒出的问题得以解决。最后，还有很多人觉得团队工作充满乐趣，很刺激；结果是他们每个人在团队的环境中都能发挥出自己最大的能量。

造优势团队

当然了，取得这些利益不可能是没有成本的。建立一支在领导、资源和人员方面都有很好配置的团队是需要时间的，管理起来也需要谨慎和技巧。常规的工作是"做过了就不管"（set it and forget），团队却不同，它的工作和协作需要不断地维护。当然团队也存在巨大的风险，例如团队成员们不能够团结在一个共同目标的周围，或者个体差异和个人利益毁掉了成功所必需的协作。从某种程度上说，做团队工作就像做实验一般，事前无法确定成功还是失败。

做用不用团队的决策

诊断完手上的任务，作为经理的你就能够决定团队是否是最佳的解决方案了。哈佛商学院教授杰弗里·波尔泽（Jeffrey Polzer）对团队做过广泛的研究并发表了多篇论文。他要求经理在做任务诊断时注意三个方面：任务的复杂性、相互依赖性和目标。[3]

1. **任务的复杂性**：高度复杂的任务本身就要求以团队的方式来解决。与高度复杂性相联系的任务特征有：大批量的信息需要处理；高度的不确定性；许多子任务，每个都需要专门的技能和知识来解决；完成任务的标准程序缺位。

2. **任务的相互依赖性**：在此你要考虑任务不同组成部分的相互依赖程度。依赖度越高，就越能说明以团队的方式解决是最可行的。波尔泽认为，任务的相互依赖性取决于工作特征本身在多大程度上表明它只能由在一起工作的许多人的集体力量来完成。雇员之间高度的依赖更需要协调和沟通,而这正是以团队为基础的工作的特征。看看下面这个例子:

一个由工程师和工业设计专家组成的团队在做一种小型新客车的内部设计工作。有两个团队成员的专长是设计车座。他们把自己的整个职业生涯都奉献到这个汽车部件上。另外两个人对人类工程学很有研究,并且对驾驶员那个位置有特别的关注。还有三个成员专门做材料方面的工作,像地板材料、仪表板材料、内侧壁和天花板的填充材料(这些填充材料能够吸收噪音,一旦碰撞时又能提供安全防护)等。还有位电气工程师,她有一套独特的技能。她会在这辆小型客车内装上最佳的照明和音响设施等。最后一位是团队领导,他是个自动化工程师,在新模型设计和开发方面很有经验。他负责协调该团队的工作,另外还与汽车底盘团队进行协调工作。汽车底盘团队负责搞定车壳结构,汽车内部设计要依托这个机构。

从这个例子中可以看出,没有哪个人能在不与其他团队成员密切协作和沟通的情况下完成自己的工作,此外还有与汽车底盘团队的协作和沟通。就拿那个电气工程师来说,如果与人类工程学专家及团队领导没有协作,就无法确定照明和电气部件的最佳安装位置。总之,工作中的高度依赖性要求相关人员的紧密协作。大家在实现共同目标时强烈地相互依赖。这就是以团队为基础的工作的典型特征。这也是在你决定团队是否是处理任务和解决问题的最好方法时所必须做的:**搞清楚一**

个任务中的不同组成部分的关联程度。较高的关联度就要求工作由团队来做。

3. **团队目标**。波尔泽把任务目标作为做用不用团队的决策时考虑的第三个关键问题。例如,以项目团队处理工作,项目就必须具有一个或更多的、有时限的、明确的目标。约翰·F.肯尼迪(John F. Kennedy)总统要求美国国家航空和航天局(NASA)达到这种要求,即在十年之内把一个人送到月球上,再安全地把他弄回来。如果各种目标都能这么清楚地讲述出来,那团队可能就是最好的选择。至于怎样实现这些目标是以后要论述的问题。如果领导或经理不能提出明确的、有时限的团队目标,那么选择常规的工作方式也许更为可行。

如果能考虑到任务的这三个方面,你将能做出更好的关于用不用团队的决策。

小 结

● 组织中的多数工作都是由工作群体或者各种类型的团队来做的。在传统的工作群体中成员们都由同一个经理或主管指挥,他们在完成任务时没有多少协作的必要。与此相反,团队是由几个有着互补技能的成员组成的,他们致力于实现共同目标,为此他们互相依靠。这要求更高程度的协作。

● 自我管理工作型团队和项目团队是两种当今用到的最主

要的团队类型。前者是由得到授权的一群人组成,他们处理的是正在进行中的任务。不同的是,项目团队的组建是要处理一个有固定期限的、非常规的任务;任务完成后,项目团队也就会跟着解散。

● 如果任务简单或者符合常规做法,雇员们用不着协调他们的工作,也不需要多样化的经验和技能;那么就没有必要使用团队。

● 当没有哪个人同时具备了做好工作的知识、专长、视角,人与人一起工作时相互之间需要高度的依赖,目标具有独特的挑战性,那么使用团队解决问题就成了最好的选择。

● 团队有很多优势。可是,组织团队要花费时间,管理起来也需要谨慎和技巧。

● 做用不用团队的决策时,考虑一下任务的三个方面:任务的复杂性,任务的相互依赖性以及任务目标。

打造优势团队

哈佛商务指南

打造优势团队

2 高效团队的基本要素

造优势团队

2 高效团队的基本要素
——团队成功的基石

本章提要

- 能力以及每人都带给团队所需技能的重要性
- 为什么每个团队都要有明确的目标和相关的绩效评估标准
- 为什么对共同目标的承诺是必不可少的
- 为什么每位成员都必须有所贡献,每位成员又都能受益
- 赋权结构(enabling structure)和支持环境(supportive environment)是如何促进成功的
- 为什么团队目标必须与整个组织的主要目标相一致

如果你对情况做过分析,确认团队是通向目标的最佳方法,你就可能想迫不及待地选出团队成员,恨不得让他们马上工作。先不要这么冲动,相反,花点时间想想,你的团队还缺点什么,什么能让它变得最有效率。

管理方面的学者和顾问在过去的 20 年中已经对团队和基于团队的绩效做过相当多的研究。因此,就团队这一问题的论述已有很多,并且他们对高效团队的特征大体上形成了一致意见。本章就来研究一下这些特征。

注意：本章所列团队的基本特征是根据两本有关团队的重要论著总结出来的。能力和共同目标承诺反映了乔恩·R.卡岑巴赫(Jon R. Katzenbach)和道格拉斯·K.史密斯(Douglas K. Smith)的观点，他们合著的畅销书《团队智慧——创建高绩效组织》(*The Wisdom of Team*：*Creating the High-Performance Organization*)出版于1993年。[1] 成功团队的另外两个主要特征是J.理查德·哈克曼先生的贡献，它们是赋权结构和支持环境。哈克曼的《领先团队》(*Leading Teams*)发表于2002年。[2] 其他有关团队和团队管理的重要观点，请参见本书末"扩展阅读"部分所列的书目和论文。

能　　力

要想成功，团队就应该具有做好工作所需要的人才、组织影响力(organizational clout)、经验和技术诀窍。高效团队是由这样一些人组成的，他们每个人的能力加在一起汇集成团队工作所需的关键能力。能力太弱或缺失会阻碍团队目标的实现；遇到这种情况，团队必须使其较弱的能力得到增强或者通过招聘新成员来补充团队缺失的能力——这些事情是成功团队在迈向目标的进程中必须学会去做的。

有些公司在选任团队成员时常会犯一种错误——以候选者的正式头衔或组织中的职位为选择的标准。有人就会提议："如果不

造优势团队

把苏珊(Susan)选到你们团队中去,你真的会惹她发火(会让她妒忌)。"还有人会说:"西蒙(Simon)是全国的销售经理,无论如何你们的团队中也应该有他。"很不幸,不论是苏珊要发脾气还是西蒙的头衔都不是把他们俩选进团队的理由。作为团队领导,你的任务是实现特定目标:10个月之内设计好新的生产线,以每年100万美元的速度削减生产成本等等。苏珊的失望情绪不是你应该考虑的首要问题。同样,西蒙可能为团队贡献出特别重要的技术能力或者组织能力;但是如果他的全国销售经理的位子让他疲于应付出差,那么团队可能就享受不到他的这些技能了。你所需要的是那些能够而且乐意为团队的事业提供关键能力的人。

作为一个很现实的问题,所提的上述建议要受到公司政治的考验。例如,如果苏珊在组织中的职位让她有可能阻碍团队的进步,那么她的友好就显得格外的重要。把她选为团队成员能让她容易接受团队目标,从而消除她对团队的潜在危险。

明确的共同目标及其绩效评估标准

你是否参加过一个搞不清自己的目的是什么的团队或者项目组?如果有,那你就不难理解为什么这样的群体很少有成功的了。连其成员都不能明确说出共同目标是什么的团队成功的可能性几乎为零。还有更糟的情况,连发起团队并对团队进行授权的执行官也搞不清楚或不确定他们到底要干什么。

高效团队的基本要素

一种检验有无明确的共同目标的方法是"电梯谈话"(elevator speech)测试。把每位团队成员单独拉到一边，然后问他：如果你从一楼坐电梯去二楼，你在电梯中恰巧撞上了CEO，他要是问起你们团队正在做着什么工作的话，你该怎么回答？每位成员都应该对答如流，明确简练地向CEO讲出团队目标，即便是对其他不认识的人也要做到这一点。以下的两种回答就算过关：

- "我们正在重新设计我们的网站，要实现三个目标：使每种不同产品组的产品都能在网站上提供；使网站以更快的速度、更低的成本更新；加深顾客体验。"

- "我们团队正在重新规划整个的客服流程。如果我们成功了，一个客服代表就足以处理95％的顾客来电，而其中80％的电话又能在3分钟之内解决。"

你们团队的每个成员在讲述团队目标时都能如此简洁、清楚吗？每个人说出的目标都是一样的吗？如果不是，不管是哪一个，就说明你们团队存在问题。这个问题要由大家一起来解决。正如以后要讲到的，总是管理高层为团队定下一个目标，让团队去解决他们看到的问题或机会。理想的情况是，领导层要的是最终结果，他们把具体的方式留给团队去选择。即便如此，成员们还是有必要对目标有共同的理解；否则不同的人就会投向相异的方向，分散了精力和资源。这样一来，冲突和争吵也就不可避免了。

一旦取得了对目标的共同理解，团队成员就应和管理层携起手来，把目标落实到具体的绩效评估标准上。在上述提到的重新规划客服流程的例子中，他们的目标是这样落实的："一个客服代

表就足以处理95％的顾客来电,而其中80％的电话又能在3分钟之内解决。"这样的评估标准不仅把目标表述得更为全面,而且还提供了一种度量方法,来评估通向目标的进度。其实团队还可以制定如下的中期目标:

- 在6个月内实现一个客服代表处理50％的顾客来电。
- 在9个月内实现一个客服代表处理75％的顾客来电。
- 在12个月内实现一个客服代表处理95％的顾客来电。

没有绩效评估标准,团队就难以认定自己是否实现了目标。

共同目标承诺

对目标取得共同理解非常重要,但是真正高效的团队又向前迈了一步——成员对共同目标做出承诺。理解和承诺大不相同:理解让人们知道他们应该努力的方向;而承诺是发自内心的信念,它激励成员做好工作,即便是面临困难也毫不动摇自己的信念。

刘易斯和克拉克所带领的那群探索者所遭遇的艰险不是现代哪个团队所能比拟的。每个成员都清楚目标:沿着密苏里河到达它的源头,进而找到一条通往太平洋的水路。这个目标理解起来不难,难的是数天从早到晚地撑篙划船,拖着沉重的驳船逆密苏里河的汹涌激流而上。夏天饥饿的蚊子多得像乌云一般,探索者们要对付它们的叮咬;冬天温度降到零下数度,探索者们要耐着严寒。他们还要踏过凶险难测的陡峭山路,还会遭遇到充满敌意的土著,还要忍受饥饿。即便如此,他们心中的目标一直没有动摇,日复一日地坚持下来。大多数人在头一个月就很可能撑不住了,选择放弃是很容易——甚至是很自然的事情。最终"发现之队"的成员们还是坚持了下来,因为他们对目标做出过承诺,他们知道实现目标——对他们的领导和总统,还有他们身后的这个年轻的国度的重要性。坚定的目标承诺能激励成员们坚持不动摇,向前奋进,让他们充满力量和勇气。

正像上例应该表明的那样,承诺起到强化目的的作用。成员必须看到他们团队的目标非常重要而且值得为之努力。如果团队目标不能让人信服,成员就不会让个人目标服从团队目标。他们将不会认同团队及其目标。

承诺还有另一项功能,即让成员把团队的目标当成自己的目标,让成员之间相互依靠。看看下面这个例子:

几个来自公司不同职能部门的员工被招集到一起解决一个紧要的问题:提供相同服务的一个竞争对手以明显的低价抢走了公司的一些顾客。对方在提供服务上非常高效,这也是他们提供低价的原因所在。唯一的解决办法是为顾客提供更大的价值:低廉的价格,较为优质的服务,或者二者同时具备。

每位成员都清楚实现这个目标的重要性。他们和同事的经济前景(economic future)都命系于他们的成功。因为管理层并没有告诉他们具体该怎样实现这个目标,所以成员们把工作和结果都看成自己的事,并且为了实现结果他们互相依靠。

这便是承诺。不要把共有的承诺和社团和谐(social compati-

造优势团队

bility)混淆起来。成员们乐于一起工作并把事情做完要比仅仅是他们间的融洽相处更重要。有一个大家都认可其重要性的目标能够克服社团内的不和谐。

从团队成员的言辞中你就能看出他们对共同目标的承诺。当人们说**我们**、**我们的**而不是说**我**、**你**、**他**时，就说明有了共同目标承诺。有下面这些话，就说明团队工作是来真格的了：

- "**我们**进步很大，可是还需要**我们**每个人再加把劲。"
- "根据**我们**的进度计划，**我们**现在走到哪一步了？"
- "**我们**的计划仍然处于非常难熬的阶段。"
- "给**我们**三个月时间，再利用好客户资料数据，**我们**就可以制定一个可行的计划。"

应对不可缺少但不愿承诺的成员

每位成员都为团队贡献出必要的技能，而且对团队目标有着完全的承诺，这是一种理想。但现实肯定不会这么理想。你碰到的情况可能是这样：高级经理指派了一个人到你们的团队中工作，因为他有一种独特的技能，缺少了这种技能团队就很可能会失败；但问题是他并不愿承诺你们最终所追求的结果。例如，他可能认为原来的工作更重要，不乐意被拽到你们这边来。遇到这种人该怎么办呢，假设整个公司又找不出第二个具有他那种独特技能的人？下面是几条建议：

- 和他进行一次倾心交谈，让他知道团队目标对公司的一项主要目标的贡献。
- 让他知道参与团队工作自己也会从中获益(见下一节)。
- 如果上面两种办法都不灵，那就请出团队的发起人或者这个成员的老板，让这个不愿承诺的成员认清参与团队工作能够支持公司

高效团队的基本要素

> 主要目标的实现。他们的话要比你的话有分量。
> 　　解决与团队相关的问题之建议，见附录C中的"解决团队问题的指导"。

团队成员人数较少时，就更容易达成目标承诺。这好像是由直觉获得的判断。相较于其他群体而言，军队很早以前就认识到了"小组凝聚力"的重要——这种凝聚力能让个人服从于部队及其目标。士兵们总是满口不停地抱怨着"他妈的军队"，但他们却愿意为了自己所在的步兵排以及排中的其他战友的安全而负伤，甚至是不惜生命。基于这个原因，一些团队专家建议，团队的成员最好不要多于10个，只要团队所需的技能都齐备了，人数越少越好。

奖励能够增强承诺。如果成员知道晋升、红利、加薪都与他们成功完成目标挂钩，他们的承诺就会增强。如果成员知道荣誉、金钱奖励都被老板独吞了，他们的承诺也就会消失殆尽。

人人贡献，大家受益

你有参加过划艇队的经历吗？如果有，你就知道每个人划桨时都必须与其他人同样尽力、步调一致。这种团队是不会给那些不肯卖力、不愿保持相同步调的人留出位置的。工作团队非常相似，他们的绩效取决于每人的贡献——朝共同目标的努力。个别成员只在开会时露面，会上发表一下他们的观点；除此之外他们什么事都不干，除非做些损害团队绩效的事，或者打击一下其他积极

造优势团队

的成员。如果有了团队成员身份就能享受某种利益的话,那这种利益必须要从真正的工作中挣得。换句话说,免费搭车者——只从团队成员这种身份中获得好处,却不做自己应该做的那份工作的人——是让人难以容忍的。

但这并不等于说每个成员都要对团队事务花费相等的时间。例如,一位高级经理,可以成为团队的常任成员,即便他的很多时间都花在了与团队任务无关的其他事务上。他能为团队做出的贡献是为团队获取资源,在公司中为团队争取支持。有些人可能认为这种贡献不算什么真正的工作,但毫无疑问他的这些贡献对团队很重要。

团队领导也要做些实在的工作,包括分担那些进行得不太让人满意的任务。既要像传统老板那样把所有的工作都分给其他的人干,又要做个团队成员,这两者是不可兼得的。因此,团队领导这个角色有点模糊,有时他要戴上领导的帽子,而其他时间又要换成团队成员的帽子。当然了,领导这个角色是主要的,它也是切切实实的工作。

每位成员都必须为团队做出贡献,由此他们也应获得明确的利益。利益有多种形式:做些有趣味或者有意义的事情作为精神奖励,得到有助于未来事业发展的学习机会,或者体现在工资条上的更多的钱。看不到明确的利益,成员们不会高效地工作——即便会也不能持久;他们从自己的常规工作中得到的利益会吸引他们的注意力,这样他们会把团队工作放到第二位。

高效团队的基本要素

支持环境

商业团队不是在真空中工作。团队是根植于各种操作单元（operating unit）和职能部门构成的大环境中的一个小组织。在一定程度上它需要借助于组织这个"大家庭"来获取资源、信息和帮助。经营部门和职能部门对团队及其目标在多大程度上支持，或者漠不关心，甚至敌视肯定会对团队效率有很大的影响。特别是以下这些环境因素需要团队建设者关注：

- **领导的支持**。顶层的支持是必不可少的。这能够保证资源到位以及物色到合适的人员。当一些强势的经理或者部门因为某种原因意欲对团队的事业加以破坏时，领导的支持是团队的保护伞。

- **无等级的结构**。如果公司内部的结构不是等级森严，那么基于团队的工作更易取得成功。为什么呢？因为无等级差别的结构能让人们养成那些有利于团队工作的习惯，特别是：乐于分享信息，跨越组织界限合作，以及雇员授权（employee empowerment）。在老板拿主意、发指令，其他人都照指示办事的组织中，上述习惯就会很弱，甚至缺失。如果真是这样的话，说明组织还没有为建立团队做好准备。

- **适当的奖励制度**。以前没有团队经验的公司在建立团队之前最好先检查一下自己的奖励制度。它们必须找到在奖励个人和奖励基于团队的成功之间的平衡。做好这一点对于团队发起人

造优势团队

来说是个严峻的挑战。

● **基于团队工作的经验。**如果团队所在的公司或者团队中的个体成员在基于团队的工作方面有着丰富的经验，团队就会从中受益。经验赋予人们一种洞见：哪些可行，哪些不可行；怎样最好地围绕着团队目标组织起来；怎样协作；在团队生命周期的不同阶段如何对其做出调整。很多基于团队工作的公司会举办一些团队方法方面的培训；理由是，个人必须在基于团队的工作中接受培训。尤其要让他们学会的技能是倾听、与不同的人打交道、与本部门外的人合作和对共同任务保持专注。

基于团队的工作在你们公司中又能获得怎样的支持呢？通过团队的方式来攻克问题和处理机会，你们的组织（通过培训和利用经验）做好准备了吗？

一　致

在影响团队效率的几个基本因素中，我们最后要提到的是一致（Alignment）。一致指的是使各种计划、努力、奖励与组织的最高目标相互协调。在一致的组织中，每个人都清楚企业的目标和自己所在的操作单元的目标是什么。在一致的组织中人们都朝着正确的方向工作——并且奖励制度鼓励他们这样做。

团队也需要一致。如果在帮助公司实现目标上，团队代表的不是最佳方法，那它就没有存在的必要。因此，团队的目标要与公司的目标一致,团队成员个人的目标也要——通过团队这个中介——与更高的组织目标相一致。而每一个人的努力也应该通过奖励制度达成利益一致。最后一点非常重要,先从顶层——发起人那里开始。既然发起人要对团队的成败负责,那么他所获得的某些补偿就与团队的绩效挂钩。顺着这条线向下走,同样道理,团队领导和成员也明白他们所获得的补偿也同样受到团队结果的影响。图2-1展示了不同层次上的工作、目标、奖励的完全一致性。

一致让大家朝着统一的方向——也就是正确的方向努力。

图 2—1

团队一致

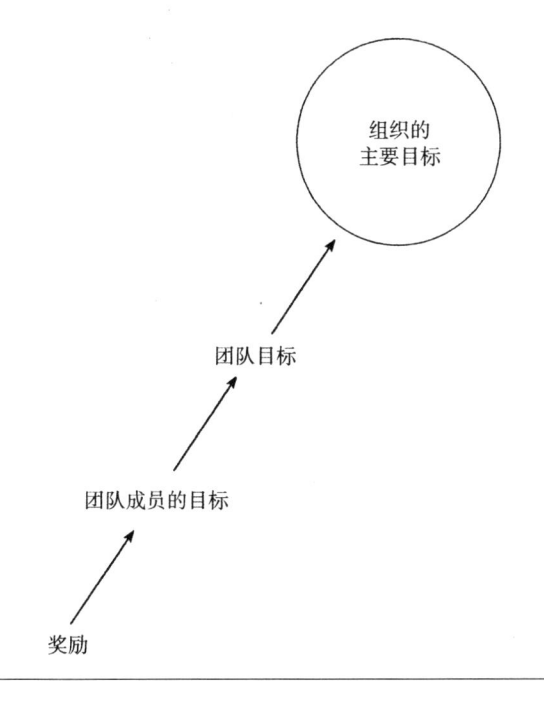

```
            组织的
            主要目标

          ↗
     团队目标
    ↗
团队成员的目标
↗
奖励
```

造优势团队

小　　结

● 能力是团队效率的首要因素。高效团队是由这样一些人组成,他们每个人的能力加在一起汇集成团队事业所需的关键能力。团队缺少的能力可以通过招聘新成员或以内部发展的方式来弥补。

● 目标承诺是让团队成功的另一个基本因素。把团队引向大家认可的目标,或者做些真正对组织有用的事可确保承诺的达成。成员人数不要超过10人,并把基于团队的工作与可望获得的奖励联系起来。

● 每个成员都应该为团队做出自己的一份工作,并且每个成员都应该从团队中获取利益。

● 确保组织的结构与基于团队的工作具有相容性,这样可以促进团队成功。

● 使团队的目标与组织的目标相一致。

打造优势团队

3 组建团队

造优势团队

3 组建团队
——团队相关人员和团队章程

本章提要
- 发起人、团队领导以及他们各自的职能
- 挑选团队成员
- 团队章程的重要性

团队有多种组建的方式。多数情况下,那些一起工作、解决共同问题的多个人自主结成团队。另外,如果执行官或经理认为情况需要也可以组建一个团队。看看下面这个例子:

梅尔(Mel)是一家社区开发组织的董事会主席。尽管新闻发布和报纸报道定期介绍这个组织的活动和观点,但是,梅尔对它们的质量和连贯性极不满意。在那之前,个别的董事会成员已经给当地的报纸编辑写过信,有的提交了新闻稿件来表明他们的观点和说明该组织的活动。这样做毫无计划,结果也很不理想。梅尔觉得需要一种持续并且统一的沟通策略。"为了我们组织的成功,我们就有必要让本地的商业团体、潜在的志愿者和潜在的捐助者知道我们的任务和我们为本地区的经济发展所做的事情。我认为,实现这个目标就要利用每个月的实事沟通、专业水准的新闻稿、事件的通告和报纸社论来解决我们的问题。"梅尔说完后董事会成员点头表示赞同。

在梅尔的催促下,几个人自告奋勇组成了一个沟通团队。总之,团队人员的组成得到组织全体员工和董事会的认可。这些人同意开会,组建一个团队,选出领导,制定并执行一项沟通战略。

梅尔赞赏这些人主动提出的打算,喜欢他们的想法。他说:"如果你们愿意,我可以问问我的朋友海伦·拉图尔(Helen La Tour)能否给点帮助。她对报纸很有经验,并曾为多家组织写过新闻通讯。"这些毛遂自荐的成员都认为海伦会给大家带来很多帮助。"下周我们就开始一起工作,"其中一位成员说,"下个月我们会向董事会报告我们制定的沟通战略。"

这个例子让我们看到某些团队是怎样组建的,还有经常会涉及到的人员:发起人(梅尔),团队领导(待定),成员(那些自荐者),和协调人(海伦)。下面我们详细地研究一下这些不同的角色。

团队发起人

不管是由经理组建,还是由一群员工自行组建,团队都必须有一个发起人。正像迈克尔·瓦赫特(Michael Wachter)在《团队工作的八个谎言》(*8 Lies of Teamwork*)中所描述的:"如果没有一个对团队成功做出承诺的发起人,任何团队都不应组建。"[1] 发起人应该是个经理或者执行官,他对团队的最终结果有利益关系,并且

造优势团队

他还要对团队的绩效负责任。发起人应具有的权力还包括界定工作范围，提供必备资源，认可或者否定团队的产出结果。就本章开始时举的那个例子来说，发起人首先认识到了团队工作的重要性。梅尔认识到一个持续、统一的与股东及公众沟通战略的重要性。身为董事会主席，梅尔对团队工作的最终结果及其战略有明显的相关利益；他有权决定哪些工作由这个沟通团队来做，并且能对团队的工作做出评定。

  在大的组织中，发起人还要充当庇护人的角色，提供资源，保护团队不受组织内部敌对者的破坏，以及激励团队。在一本有关大胆创新项目的书中，作者研究了 10 个案例，每个案例都显示一个高位的发起人，或者叫庇护人，在为团队提供上述所列的关键服务时帮助巨大。[2] 发起人为团队提供使项目运转起来的资金，资金的来源有时通过正常渠道获得，有时通过秘密方式获得——即避开那些破坏者，并向管理高层鼓吹实现项目目标的价值。

  发起人应该向管理高层倡导团队的目标，让那些高层领导认识到团队的成功对组织成功的贡献。团队的目标与组织的目标一致就能让工作做起来更加顺手。还有就是上面提到过的，发起人要保护团队不受高层敌对者的破坏，因为这些人把团队的活动看成是对他们既得利益的威胁。如果团队在做的工作是开发新产品或技术时，这种保护就更为关键；这是因为如果团队成功开发出新产品或技术，就将会吞噬一部分现有产品的销售额，或把现有的产品淘汰出局。在这种情况下，现有产品线上的强势执行官就很有可能对团队的目标怀有敌意，会用他们的权势来阻挠团队资金的划拨,甚至会诋毁团队的工作。这里回想一下马基雅维里(Machiavelli)对那些试图改变现状者的告诫是很明智的,他说,"引入一种新秩序所遭遇的东西——推出时的重重困难,成功前招来的质疑,还有操作的艰险——是做其他事情难以想象的;因为在从旧秩序中获取利益的人中间总是不乏改革者的敌人。"[3]

你们团队拥有一个有影响力的发起人吗?如果有,那他在提供资源和阻挡来自组织内部的团队敌人时是你们团队的真正捍卫者吗?

团队发起人要做的事情

● 确保让组织中的其他人知道团队工作的进步,特别是要让领导层知道这一点。
● 确保高层领导支持团队的决策和方向。
● 警惕公司目标的变化,这可能会影响到团队章程。
● 切记有些经理并不希望自己的下属既做团队任务又要完成常规工作。做这些经理的思想工作来摆平这些困难。

如果你是一个高级执行官,考虑一下你要任命的团队发起人。他们真的能够对团队的成功承诺吗?他们真是团队的捍卫者还是只打算走走过场?你已经对某些事情做了安排以使他们与团队的成功或失败利益相关吗?

打造优势团队

团 队 领 导

每个团队都要有个领导。在诸多方面,团队领导的工作和一个传统的经理有点相像。二者的责任都是让人力和其他资源结合生成某种结果。像传统的经理一样,团队领导也必须做好以下工作:确定团队活动的基本框架,保持愿景明朗,协调各种活动,在其他人面前代表团队,和发起人协商,解决冲突,查出欠缺的资源,定好里程碑,确保人人贡献、大家受益,让工作不偏离正轨。这些事听起来多像一个典型的传统经理要做的啊!

但二者的相像之处也就到此为止。传统的经理身兼决策者、任务分配者、指导者、别人工作进度的制定者等角色。这些传统经理的职责在团队中就失灵了。行事像老板的团队领导想要获得团队工作的好处是不可能的事。相反,团队领导身上增添了三项新职责:倡议者,工作表率和培训师。他还必须以一个工作成员的身份加入到团队中。

能做好这些工作的大部分,甚至是全部的人有什么特征呢?首先担任团队领导的人应该具有一些传统领导技能:确定别人可以遵循的工作方向,良好的沟通技能,发出和接收反馈,较高的工作绩效。除此之外,有望成为团队领导的人还应对基于团队的工作抱着肯定的态度,最好曾经有过团队工作的经历。最不堪此任的人是那些传统老板行事方式的坚决支持者。

挑选领导

如果团队的周期不长,有紧急组建团队的需要(例如在危机状态下),或者有组织上的原因让某人当领导,出现这些情况时发起人就可以指定一个人担任团队领导。其他情况下,领导可以由团队自己选出。

一个领导还是数个领导?

我们总会认为任何的组织单位中只需要有一个正式的领导就行。把领导权放到一个人手里可以避免意见的不统一。设想,团队的两个领导总是意见相左,为此喋喋不休,又怎么能把事情办好呢?大家该听谁的呢?

以往的团队经验表明,只要几个领导在方法和结果方面都能达成一致,把领导权放到单个人手里并不是绝对必要的。梅里韦瑟·刘易斯和他自己一手提拔的领导威廉·克拉克,共同带领"发现之队"穿越密西西比河以西的荒蛮未知土地的成功,证明了把领导权放到两个或两个以上的人手中的潜在好处。两个人都在正规军队中服过役(克拉克当时是刘易斯的指挥官),他们互相信赖,尊重对方。每人为探索行动贡献了互补的技能。历史学家伯纳德·德沃托(Bernard De Voto)描述到:

刘易斯具有外交和商业头脑,克拉克有谈判才能。刘易斯专

造优势团队

程去费城学习植物学、动物学以及天体导航方面的知识,显然是这些方面的专家;克拉克不但是工程师和地理学家,还掌握开拓者的生存技能。两个人都是有经验的内河水手,但刘易斯清楚克拉克的技术比自己强,于是就把管理航船的事交给他去做。克拉克很显然更善于和印第安人打交道。[4]

两个人的脾性也是互补的。根据德沃托的描述,刘易斯脾气多变而且内向,而克拉克性情平和又很外向。其中一个人缺的,另一个人全有了。

并不是每个团队都能从拥有多个领导中受益,但是有些能。只要几个领导对他们的目标和目标的重要性有共同的认识就可以。

团队领导要做的事情

- 就进步和存在的问题定期与发起人沟通。
- 定期地评估一下团队的进步,看看每个人的状态,以及每个成员是怎样看待自己的贡献的。
- 确保每个人对团队工作都有所贡献,倾听每个成员的声音。
- 做好自己的那份工作。
- 抑制自己当老板的欲望。

经过任命,团队领导就享有了正式的权力。可是团队内部还需要有不同级别的领导。例如,几个团队成员可能被指定去开发和检测某一新产品的样品。那么,这个"团队中的团队"就需要一个领导来协调工作、与人沟通以及获取必要的资源。不管谁当这个特别群体的领导,他都没有正式的权力,但却被要求做领导要做的事。

团 队 成 员

成员是团队的核心,是团队工作的引擎。好的发起人可以清除团队前进道路上的障碍,可以帮助团队获取资源;好的领导能够激励团队提高绩效,使大家始终以工作为核心;这两点说得都没错,可是到头来团队中的大部分工作还是要由成员来做。因此,把那些具有合适技能的人召到团队中做事就非常重要。

在刘易斯和克拉克挑选"发现之队"的成员时,他们一呼百应,志愿者络绎不绝。但他们两个非常精明,只接纳那些能为团队作出重要贡献的人。许多有身份的年轻人靠关系被推荐为候选者,但最终一个也没能如愿进入团队。甚至连刘易斯的生物学老师——本杰明·史密斯·巴顿,那个时代全美最知名的自然科学家之一——也达不到他们的挑选标准。巴顿的知识足以为这次探险使命作出一项重大贡献,即对美国西部未知地域中发现的动植物进行分类记录。但是考虑到巴顿已经 37 岁,刘易斯认为他难以承受严峻的旅途考验。

两位领导挑选成员时,对体格健壮与否、性格、技能这几方面给予了特别的关注。已逝的历史学家斯蒂芬·安布罗斯(Stephen Ambrose)描述道:"刘易斯和克拉克对候选者做整体评价:顽强与否,射击和狩猎能力如何,体能和性格特点,能否适应野外的长途旅行。"[5] 当然,这么高的挑选标准最终获得了回报。

造优势团队

据专家们的观点来看,挑选团队成员也许是设计团队最棘手的一环。团队可以通过以下方法中的一种或几种来挑选成员:

- **指派**。发起人物色人选,并邀请他们参加团队工作。
- **自荐**。对团队工作最有利害关系或最感兴趣的人站出来成为可能的成员。
- **提名**。那些对团队工作有利益关系的人提出一些他们信任并具有合适技能的人做团队成员。

上述几种选任团队成员的方法没有绝对的优劣之分。每种方法都足以选出合适的成员。当然,每种方法也都可能让你选错了人——特别是在组织政治让人窒息的地方。看看下面这些例子:

- 发起人选任了一个新网站设计团队的大部分成员。休(Hugh)是发起人所选成员中的一个,他是发起人的得力助手。休对服务器、超链接等计算机知识一窍不通,没有什么特别的东西可以贡献给团队。他来这里的唯一目的是向发起人打报告,因为发起人不信任团队中的两个成员。对团队来说,休无疑是多余的包袱。其他人很快就能识破他的告密者身份,并会采取一些消极的行为作为回应。

- 安(Ann)自愿参加公司新组建的一个团队,这个团队的任务是重新设计公司的订单履约流程。安对团队目标没有太大的兴趣,她看到团队成员身份的一项好处:能增加与凯瑟琳(Katherine)见面的时间,而凯瑟琳是团队领导,又是公司中地位冉冉上升的经理,前途很被看好。安考虑的另外一个问题是,她在晋升上的最大竞争对手已经在这个团队里面了。"既然他在团队中,最好大家一起进。"她思忖到。很显然,安对团队目标没什么承诺,而是打着个人利益的小算盘。当然不应该让这样的人做团队成员。

● 哈里(Harry)也不甘落后,要参加安要参加的团队。现行的订单履约流程对他有好处,如果团队对现行流程大动刀斧势必会动摇他个人在组织中的现有地位。他的动机是自保。哈里不承诺团队目标而是希望保持现状不变。无论如何是不能让这种人混入团队的。

● 拉尔夫(Ralph)提名他的下属缪丽尔(Muriel)进入网站设计团队。他觉得这对于缪丽尔来说是个学习的机会。没错,缪丽尔参与到团队中对她个人的职业发展很有好处,可是这样对团队真的很好吗?她有什么能贡献给团队吗?

在你们的组织中也有诸如此类的问题吗?有的话,就要提个醒了。以上几种场合下,每个人都有希望加入团队的理由,而这些理由与帮助团队实现其既定目标关系不大。要设法避免这些挑选团队成员的方式。当然,缪丽尔,也不是一点没有成为团队成员的可能,只要她学得快,工作努力就行。但是无论无何实现团队目标都要优先于个别成员的职业发展。

技能评估

以完成工作所需的技能来决定成员的人选最为理想。格雷格里·沃森(Gregory Watson)在他的《战略基准评价》(*Strategic Benchmarking*)一书中举了下面这个例子,我们来看一下:

18世纪70年代后期,福特汽车公司的管理高层倾向于把公司

造优势团队

的未来压宝在一种新型汽车上,即金牛座汽车,制造它需要从零开始。像往常一样,这项工作会涉及到公司中的各个职能群体。但这次解决问题不是通过往常的"抛过墙去"(over-the-wall,即 throw it over the wall:直接把自己手里的项目或问题推给另一个部门或别人而不与他们进行任何协商,传递时也不做任何协调。——译注)的方式,而是由以高级项目经理卢·维罗尔蒂(Lew Veraldi)为首的跨职能团队来解决。维罗尔蒂对挑选团队成员有极强的判断力,他画出了生产和推广这种新型汽车所需要的各个技术领域的人才和市场营销专家所组成的人才"地图"。团队由里外两层的成员构成:里层的关键人员不超过 10 个,外层的各种人员多达 400 人。这项工作就是需要这么多的人来做。只有很少一部分人能把自己百分之百的时间投入到团队工作中。但是,每位成员都会带来他所在的职能部门的专门技能和资源。[6]

技能评估要分两步进行:第一步,客观地对工作做一下观察并决定确实需要何种技能才能做好这项工作。这基本上等于维罗尔蒂的"画地图"。例如,他录用的人员囊括工程、制造、零部件和服务、采购、法律、销售和市场等方面的人才。总之,他们代表了生产和销售这种正在开发中的新型汽车所需的所有技能和资源。

技能评估的第二步是环顾组织中的各种人员,看看谁有团队所需的技能。团队必须由那些能集体为团队带来解决问题的必需技能的人员构成,他们需要有包括技术、问题解决、人际交往、组织等诸方面的能力。

- **技术技能**是指专门的技术,例如市场调研,财务,软件编程等。

- **问题解决技能**是指对困难的情况或问题的症结进行分析并找出解决方法。工程师是典型的问题解决者。有创新观念的人会用别人看不到的方法来解决问题。如果你是团队领导,那你的团队中肯定缺少不了问题解决者;否则,其他人会不断地找你寻求解决问题的意见,而这并不是团队的工作方式。

- **人际交往技能**是指与他人一起高效工作的能力,这也是基于团队工作的显著特征。

- **组织技能**包括与其他部门打交道的能力,有关公司政治格局方面的知识以及拥有一个关系网。有这种技能的人能够帮助团队做好工作并减少与其他业务部门及其人员的冲突。

组建团队的人必须仔细考量他们希望从团队工作中得到的结果,并决定哪些活动能够产生这些结果。接着就要问自己这些活动需要什么技能。

在组建团队时,经理们心里总会自然地倾向于把自己对任务的分析局限在技术技能方面。这种倾向通常过于明显,使得团队组建者只关注专门技术能力而忽视了其他的技能。正像杰弗里·波尔泽写到的:"这样开始是凭着感觉进行的,因为正像大家知道的,如果没有通晓开发项目所需的编程语言的程序员,软件开发团队的工作就不可能做好;同样道理,没有出色的音乐家,乐队也不会成功。"[7]很不幸,通常的情况是,人们对技术技能的关注往往掩盖了对人际交往技能和组织技能的关注,而从长期来看,后两者同样重要。例如,一位出色的程序员如果不让别人知道她工作的秘

密，不肯合作，或者在同事中制造不友好的气氛，这些都会阻碍团队进步。同样道理，一个技术水平虽然一般，但是组织才能出众的人可能成为团队最具价值的成员，因为她能为团队获得资源，博得多个业务部门的帮助等。

爱迪生的无眠之队

爱迪生所组建的团队取得突破的数量及其重要性是其他团队望尘莫及的。因为团队领导工作起来夜以继日，每天只休息四个小时，所以这个团队被称作"无眠之队"。在19世纪的最后几十年中，爱迪生的发明团队取得了数百项专利，并把数十种重要产品引入到人们的生活中。

无眠之队的历史最早可以追溯到爱迪生最初关于制造白炽电灯的设想之时，那时他认为这件产品蕴含着巨大的商机。爱迪生知道他会在设计和材料方面做很多次实验，他就找来了机械、实验和玻璃吹制方面的技师来组成团队。这些技师的技能让他能够不间断地做成百上千次的灯丝材料实验。最终，他找到了一种可用的材料，即装在真空泡中的、炭化的棉质灯丝。在爱迪生的梦想真正投入商业生产之前还要做更多的材料实验。他所请到的技术人才让如此海量的实验变成了可能，并让他把其他欲完成同样事情的竞争对手远远地甩在了身后。

波尔泽提醒道，那些虽不太善于与别人一起工作，但能为团队有所贡献的人才还是会有很大的机会被选到团队中来的，亦即一个人的人际交往弱点是可以通过培训或其他方式解决的。这个建议鼓励经理们乐观面对潜在团队成员的优势和缺陷。能够同时在技术、问题解决、人际交往和组织四个方面达到要求的人员少之又少。因此，挑选团队成员的一个目标就是最大限度地发掘潜在成员的已有才能，并采取措施来中和他们的缺陷。

组建团队

大部分团队组建专家提醒道,你往往很难获得团队所需的所有技能。总有些东西会缺失。大多情况下,希望各种所需技能面面俱到是不可能的。像乔恩·卡岑巴赫和道格拉斯·史密斯指出的:"不具备实现目标和绩效目标所需的所有技能,没有哪个团队能成功。其实,很多团队是在其成立**之后**[注意这个]才发现它们还缺哪些技能的。"[8] 所以,精明的团队领导会挑选那些既怀有宝贵技能,又能在需要的时候学会新技能的人。

增加和减少成员

做好增添新成员的准备;一段时间过后,你还可能要和一些人说再见并感谢他们已经为团队做过的贡献。随着工作情况的变化和团队向其目标的推进,团队可能需要新技能和新成员。回想一下曾经举到过的那个负责重新设计整个公司客服流程的团队的例子。一开始,这个小团队只有五名核心成员。一年过后,团队又招入了另外五个成员——他们各自代表公司的一个产品组。团队完成了客服流程的重新设计计划后,它就把工作重心转向具体实施阶段。到了这个时候,更多的人被招入团队,这些人在计划实施阶段会担当起主要职责。

有关增加和减少成员的一项提醒:一段时间以后,成员们对团队中的其他人及其工作方式都有了某种适应。他们形成了有效的决策和沟通模式——有些时候是慢慢养成的。他们对这个包含其他伙伴的团队取得了认同。如果有太多的人加入或离开了团队,

造优势团队

这种凝聚力势必遭到破坏。那些留在团队中的人必须花费很多宝贵的时间来指导新成员,还要学会怎样和这些新人一同工作;他们还要花更多的时间来补足以前成员走后留下的空缺。所以要做尽量小的人员调整。

一旦瞄上了成员的潜在人选,团队与发起人就要讨论一下这个人可能给团队做出的贡献。另外还要与这个人现在的上司协商一下,因为一旦这个人做了团队成员势必会分去他一部分花在常规工作上的时间。如果各方达成了一致,就可以邀请这个人加入团队了。

多少算多?

团队理想人数的多少取决于它的目标和任务。总的来说,当任务既复杂又需要专门技能时,5 到 10 人的小团队看来最为有效。如果任务相对简单易做,成员又同意在需要的时候把任务分配给团队内的子群体去做,较大的团队(人数可能达到 25 人)也可能是有效率的。团队中包含奇数个人员时,更容易做出决策,因为多数决定原则能够避开平局的结果。

团队中到底需要多少个人,我们能给的最好建议是:有足够的人做工作就行,不求多。人太少了可能会拖延工作进度,也暗含着团队不可能集纳其所必需的全部技能。人太多了也可能会拖延工作进度,因为你势必要把更多宝贵的时间花在沟通和协调工作上。此外还有承诺的问题。个人对团队及其目标的承诺会随着团队人数的增加而减弱。

乔恩·卡岑巴赫和道格拉斯·史密斯这两位作者就团队是否足够小这个问题给了我们如下的提示:[9]

- 能够很容易、经常地把团队人员召集起来。
- 成员之间易于沟通,并能经常沟通。
- 做好团队工作不需要额外的人员。

组建团队

> **团队成员要做的事情**
>
> - 按时完成分配的任务。
> - 就自己的不满和关心的问题与领导和其他成员沟通。
> - 支持领导和其他成员。
> - 当别人需要帮助时给予帮助,当自己需要帮助时请求别人帮助。

协 调 人

在团队角色中最后一个可能出场的人物是**协调人**。我们使用**可能**一词,是因为不同于团队中的其他参与者,协调人并不是团队必须的。他们是来帮助团队的,但只有真正需要帮助时他们才会过来。

协调人总体上是那些外来的顾问或者人力资源方面的人员,他们在基于团队的工作上受过专门的训练。不同于其他团队成员,他们并不是完全置身于团队的任务中去;相反,他们会提供一些专门的技术方面的建议,或者帮助优化协作和沟通。在本章开篇所举的那个例子中,梅尔请来了在沟通方面相当有经验的海伦,来协助新成立的沟通团队制定它的战略。更为典型的协调人是以中立的第三方身份来观察团队中的各种活动的,当他们发现团队中存在削弱进步的冲突,各种任务没有优先性、没有主次之分,或者有更大的合作机会时就会把这些问题指出来。

造优势团队

经常利用团队解决问题的大公司会请来协调人做团队工作方面的培训。对基于团队的工作没有什么经验的雇员要到协调人主持的培训班里接受两到三天训练。

注意：位于本书后的附录 A 包含两项对你组建团队有用的内容："组建团队工作表"和"评估群体是否是团队的核查表"。你可以从哈佛商务指南系列网站上免费下载这些工作表和核查表，网址是 www.elearning.hbsp.org/businesstools。

团队章程

选好团队中的不同人员的重要性显而易见，当然，团队有个章程来指明其工作性质和上层领导对工作结果的期望也同样重要。没有正式的章程，团队就可能偏离到一个与组织目标毫不相关的方向上去。制定一个章程，还能够让上层领导明确指出团队应该做什么，当组织的领导意见不一时这一点尤其重要。看看下面这个例子：

公司要重新设计订单履约流程和客服流程，菲尔(Phil)是这两项工作的发起人。他敢于对这两项工作直言批评，显然他是合适人选。菲尔不满意履行订单所耗费的时间以及公司令人失望的客服工作已经有很长时间了。另外，他还认为这两项工作的成本太高。于是，他让莉拉(LiLa)领导一个团队来改善这些工作。

菲尔希望削减哪些成本？他对现有流程具体有哪些不满？工

作做到何种程度算是成功？带着这些问题，莉拉想找菲尔坐下来谈一谈，但一直未果。他根本就没有时间好好考虑一下这些事，又迫不及待地把任务分配给团队，让他们赶快弄出结果。公司的其他领导也对改善流程充满渴望，可他们都像菲尔一样，谁也说不出具体想要什么样的结果。缺乏明确的指示，莉拉只好和团队中的其他人一起自己制定目标和成功标准。

团队工作有条不紊地进行着，在这个过程中，莉拉向菲尔汇报工作的进展情况。资源总是解决不了的问题，尤其因为莉拉不知道具体要花多少钱，在关键阶段需要多少人手。每次申请资源她都要一件一件地与菲尔商谈。

团队最后完成了自己的任务，实现了自己立下的所有目标。他们把订单履约的时间减少了三分之一。百分之九十的顾客现在只需打一个电话就能解决他们所有的问题。这两项工作的总成本被削减了百分之十二。成员们吃了一顿大餐来庆祝自己任务的圆满完成，之后每个人都回到自己常规的工作岗位上去。

可是，管理高层并没能对团队的工作样样都满意。"你们工作做得不错，"菲尔对莉拉说，"你们对原有工作做的改善很重要，可是我们需要对它们做全面的结构重组，还有要进一步削减成本。"莉拉听后愣了，心中甚至有点发怒。"如果他想要这些东西，"莉拉在想，"干吗不早说啊？"

莉拉的困境具有普遍性，但是这种情况可以通过一个团队章程来避免。团队章程是一份简洁的书面文件，包含以下内容的一部分或者全部：

造优势团队

- 项目发起人的姓名
- 团队的工作与部门目标和企业目标的关系及优先性
- 工作预计所需要的时间
- 项目可交付成果(deliverable)的简要描述
- 项目所能带来的利益
- 项目的预算,经费分配方案和团队能够利用的资源
- 团队的权限
- 发起人的签名

一份考虑周全的章程会指明团队要实现的最终结果,但并不具体限定实现目标的具体方法。用什么方法实现目标由团队领导和成员去选择。如果做法相反,即告诉团队它应该做什么和怎么去做,就会抹杀能从团队工作中得到的任何好处。理查德·哈克曼在《领先团队》一书中指明了这一点。"指示不明或太过抽象,"他写道,"在成员们讨论什么是要求他们做的事情时,他们就会在这个问题上难以达成一致意见,纷争不断,耗费时间。另一方面,指示如果规定得太细,就会削弱成员们对工作的承诺,有时会助长一些不希望看到甚至是不道德的行为。"他认为,团队发起人必须在给予团队太多和太少具体指示之间寻求一种平衡。[10]

在图3-1中,哈克曼指出当确定了最终结果而并不限定具体方法时(右上角的区域),团队就能做得最好,此时他们工作起来以目标为导向,自我管理。正像他所写到的:"规定了最终结果而并不限定具体方法时,团队成员们就能够——实际上是一种暗示,鼓励他们去——调动他们全部的知识、技能和经验,来根据情况的变

化设计和实施一种能实现团队意图和结果的操作方法。"[11] 但这并不等于说,在最终结果和方法两方面都规定得具体明确时(图中右下角的区域)就注定要失败。但这通常是传统的、未经授权的工作群体的工作情况。

图 3—1

方法和结果

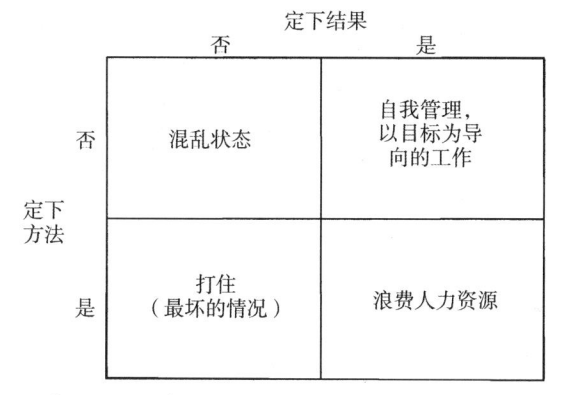

	定下结果	
	否	是
定下方法 否	混乱状态	自我管理,以目标为导向的工作
定下方法 是	打住(最坏的情况)	浪费人力资源

资料来源:J. Richard Hackman,*Leading Teams:Setting the Stage for Great Performance* (Boston:Harvard Business School Press,2002),73。获准使用。

定好了团队章程并组织起了团队,团队就可以就具体方法制定一个**项目计划书**。经过发起人的认可,这个项目计划书可以作为团队章程的第二部分。

欲完成的事项大而复杂时,项目计划书就尤其有用。它对任务、里程碑、可交付成果、风险和时间表等都做了明确的规定。项目计划书可以用作指导团队和其他相关利益方的路线图。

造优势团队

把行为与奖励挂钩

本章探讨的团队组建程序的最后一部分是创建激励机制。如果成员看不到实现团队目标所能得到的奖励或回报,他们就不太可能给予目标足够的关注。相反,他们的注意力就会被吸引到其他地方,最可能的是转到他们的常规工作上,他们在那里获得的回报是基于工作取得薪酬,以及晋升的前景,还有在大多数情况下基于绩效所获取的奖金。设计激励机制要把雇员的工作表现与组织的较高目标联系起来。此外还有必要把雇员的工作表现与团队目标联系起来,但这会引发一系列的难题:

● 当团队成员在自己的常规工作上花 $X\%$ 的时间帮助其所在部门实现部门的目标,同时他们又在团队工作上为实现其他目标花去了 $Y\%$ 的时间;该怎样调整奖励制度来解决这种问题呢?

● 团队要实现其最终结果,就要求各种工作有高度的相互依赖性,并要求成员们相互信赖。因此,奖励是应该基于个人对团队目标的贡献,还是基于团队整体的绩效呢?

● 如果真的引入基于团队的奖励机制,那么如何避免免费搭车者——那些对团队无所贡献的人——获得奖励?如果那些努力工作的成员得知免费搭车者从他们所获的奖励中占了很大便宜,他们肯定会变得士气低落的。

团队奖励具体操作起来是件非常复杂的事情。一方面,组织已经有了一套现成的奖励制度,但这种制度与团队毫无关系。组织也无心改变自己的这套制度。此外,奖励团队和规避免费搭车者之间的不和谐已经有很长的历史了。怎么做不是轻易能说好的。总的看来,最好的做法是使用团队奖励制度的同时找出一种规避免费搭车者的机制。这些机制中最常见的是起初就不在团队中给免费搭车者留下位置。如果有那么一两个通过了成员录用程序,溜进团队,团队领导和成员应该首先感谢他们为团队所做的事情,然后将他们打发到他们常规的工作岗位上去。

小　　结

- 每个团队都要有一个对其成功做出承诺的发起人。发起人应该是一个经理或者执行官,他对团队最终实现的结果有利益关系,他还要对团队的绩效负责。发起人还应具有界定工作范围、为团队提供必备资源、评估团队绩效的权力。

- 团队领导必须能够负起传统经理的多项责任。此外,他还必须接纳三个新角色:倡议者,工作表率和培训师。

- 应该以完成工作所需的技能来决定团队成员的人选。首先对工作目标进行分析,看看实现这个目标需要哪些技术技能、问题解决技能、人际交往技能和组织技能。然后招聘具有这些技能的人员。

- 在组建团队时,录用的人数足够完成工作就行,不要过多。

● 团队章程指明了团队工作的性质以及领导希望团队实现的结果。它指明团队的工作方向,要与组织的目标相一致。制定团队章程能够促使管理高层讲明团队应做什么。

● 用奖励把团队成员的利益与组织的目标联系起来。

打造优势团队

4 顺利开始

4 顺利开始
——迈出重要的第一步

本章提要

- 开一个发起会
- 敲定决策规则
- 计划工作及其进度
- 达成衡量成功的标准
- 做预算
- 建立能把团队团结在一起的机制
- 定下行为准则

组建完团队并提交团队章程后，在工作开始之前还有几件重要的事情要做。必须定好由**谁**做决策以及**如何**决策，团队成员相互之间如何行为。必须制订实现团队目标的计划。必须把团队工作分解成若干个可以操控的小份，定下完成每份的时间，并把各份工作分配给合适的人员去做。这些只不过是团队工作开始时要解决的诸多事情中的一部分。总之是要搭起一个大的框架，使团队工作在其中开展。其中的一些重要问题可以在首次团队会议上得到解决。

开一个发起会

启动团队工作的最好方式是开一个全体会议,会议要相对庄重、造出声势。在开发起会之前显然要做些会前准备,经常是团队领导、发起人和单个成员之间的一些讨论和计划。可是,这种几个人之间非正式的碰头会并不能取代全体成员、团队领导、发起人,合适的话还可以邀请组织中最高管理层的领导参加的面对面的全体会议。

成员亲自到会能对大家的心理产生巨大的影响;对成员分散在各地的团队更是如此,因为这种团队的成员以后极少有相互见面的机会。在团队工作的长途征程开始之前大家聚到一起,人与人之间相互认识一下,能构建承诺,并能增强对团队及项目重要性的认识。如果不能在某个地方亲眼见到自己的"团友",很难想象谁能产生在一个群体中与人一起为共同目标工作的感觉。如果因为距离遥远,往来不便,某些人确实不能到会议现场,那么就应想尽一切办法让他们虚拟出席,可以利用视频会议工具,真不行,打电话也成。当然,当今的许多团队并没给其成员提供见面的机会,但即便这样它们还是培育了成员的团队认同和共同目标承诺。尽管有这些成功的例子,但不能相互见面的确是影响团队成功的不利因素,要尽可能地避免这种情况。

发起人出席发起会是必要的,他的到场与否本身就说明分配

造优势团队

给团队任务的重要或不重要。两位团队专家,乔恩·卡岑巴赫和道格拉斯·史密斯写道:

> 在潜在团队的首次聚会上,每个人都会留意别人所传递的各种信号:表示认可,中止讨论,否决假设和担忧。他们尤其关注那些权势人物:团队领导或其他执行官提起或强调某方面,以及相反的做法都会多多少少影响到整个团队。此外,像通常情况一样,领导做什么比说什么更加重要。例如一个高管在会议刚开始十分钟,出去接了个电话就再也没有回来,这样大家对团队的重要与否都心中有数了。[1]

以下这些事情是你在发起会上要解决的:

- 要特别清楚哪些人是属于团队的。有的可能是核心成员,有的可能是"外围"成员,后者只在有限的时间或范围内参与团队工作。毫无疑问二者都是团队成员,在这一点上可模糊不得。欢迎所有属于团队的人来参加发起会。

- 解释团队章程及其内容。发起人或者团队领导应该就章程中所列的目标、交付的工作、时间表等做出解释。

- 对团队章程取得一致理解。因为仅仅有领导对目标、交付的工作等做出解释难以保证每位成员对解释的理解都是一样的。所以应该让人们对章程进行讨论,以便达到理解的一致。

- 发起人应该解释团队工作的重要性,实现团队目标对实现组织大目标所能提供的帮助。人们需要知道工作有他们的一份,这种工作的结果无论对他们自己还是对组织都是有益的。

- 列出团队可以利用的资源以及可能与成员有联系的非团

队人员。这些非团队人员可能包括公司的雇员、联盟伙伴的雇员、供应商以及顾客。

● 描述一下团队的酬报。除了正常的补偿外,如果完成或超额完成团队目标,团队成员还能得到哪些利益?

● 做些介绍。好好利用发起会作为介绍大家彼此认识的机会;除非人们相互之间都已经很熟悉,对对方及其工作心里都很清楚。如果人数较多,就让每个人做一下自我介绍,说说自己的工作背景及专长,谈谈自己希望为团队做的贡献。

开完发起会,大家就应能清楚地知道团队工作的方向,实现团队目标对组织的重要性,成功的衡量标准,工作的酬报等。他们还应该知道团队中都有哪些人,他们能为团队做的贡献是什么。此时他们脑中应该开始形成为真正团队效力的想法。只有时间和共有的工作经历才能促成真正的团队身份感。不管怎样,这种意识的种子是在工作发起会上撒播的。

确定如何决策

团队必须尽早地确定好如何来做决策。如果大家对决策达不成一致意见,团队就会在决策上耗费太多时间,另外决策的结果也可能难以获得很多人的支持。决策无处不在:

是否应该为另一个目标而放弃一个小目标?

有三种新产品的设计方案可供选择,团队该选择哪一个呢?

造优势团队

团队应该聘请哪位顾问,顾问事项的范围如何界定?

团队开支超出预算:哪些活动应该叫停?

在非团队的环境中,决策是执行官和经理的专利。他们挑出发现的问题,然后分析各种解决方案,并向合适的人征求意见。而后,他们做出决策,并对决策后果承担责任。在自己责任范围内做决策是执行官和经理领取他们那份薪水所应做的各种事情中的一种。尽管他们会到别人那里争取对决策的赞同,或让别人提出建议,但他们并不受制于别人的看法。

团队中决策由谁来就没那么清楚了。在团队目标和划拨给团队多少资源方面发起人显然拥有决策权。以下事项最终也是由他们说了算:

- 人员;
- 在给定的预算范围内的各种开销;
- 引入外来资源;
- 针对组织范围的政策和目标所做的改变;
- 对顾客有影响的各种选择,例如定价和确定产品规格等;
- 团队可交付的成果和进度计划的改变。

决策程序的重要性

研究表明,人们对决策程序很在乎。人们希望规则公正,只要他们认为决策程序是公平的,即便是对自己不利的决策他们也更愿意接受。这种情况下,信任是个关键因素。人们必须信任那些设计决策程序的人。如果他们发现有人在徇私舞弊,那么他们接受决策的热情也就荡然无存了。

另一方面，在团队的运作和流程上，团队应该具有单独的决策权。此外，他们可以在既定的预算范围内做出资源决策。为避免可能有的分歧，确保你的团队、发起人以及管理高层对哪些决策由团队做，哪些决策在团队外做取得共同理解。

如果你是团队领导，团队工作开始前，你必须促成对这一问题意见的统一：由**谁**来决策和**怎样**决策？决策到底应由谁来做呢？是由团队领导，团队内的几个人，或者所有成员一起来决定？怎样决策？是多数通过，还是达成全体统一的意见？决策是最终的吗？如果不是，那么之后要进行哪种修正程序？

以下是一些常见的决策方式：

- **多数决定原则。**团队成员在会议上各抒己见，进行讨论，然后投票。能够得到过半数赞成票的决策就被通过。

- **一致认可。**采纳一项决策必须得到团队中的每一位成员的同意。如果不能取得大家的一致认可，就必须拿出新的方案，然后再拿回来征求大家的意见。

- **小组决定。**一小群具有相关经验和技能的人被挑选出来做决策。

- **领导参考各种意见做决策。**团队领导汇集成员们的意见，然后在此基础上做出决策。

在选择一种决策方式时，团队应该权衡一下其他几种被放弃的方式。团队成员对决策过程有更多的参与，他们就更有可能接受决策的结果。因此，一致认可和多数决定这两种决策方法能够帮助建立承诺。然而这些决策方式很耗费时间——在能否达到进度计划上存在问题。如果时间是个问题的话,团队倒可以考虑针对不同类型的决策应用不同的决策方法:对那些对成员非常重要的问题可以采用大家一致认可的方式,而对其他的问题可以使用更为简化、有效率的方式。

不管采用何种决策方式,在团队一开始的时候就把它给确定下来是特别重要的。缺乏决策规则只会带来无尽的争论与不和。如果时间和事实证明那些规则不能对关键目标有所助益时,那就依次对它们做出改变。

> **对"达成一致"的一点提醒**
>
> 对某件事情"达成一致"与"不持异议"并不总是相同的,人们容易把它们混淆起来。顾问迈克尔·瓦赫特指出:有时候看起来是达成了一致,而这只不过是有些人投了赞成票以化解僵局并使决策进程得以继续。可那并不表示对决策的真正支持。还有些情形是,成员在投票中耍了政治家的手腕,同意某个结果是因为他们的目的是让同事在其他问题上也支持自己。[2]这些行为并不能代表真的一致。

制定工作计划和工作进度计划

典型团队章程的一个重要特点是对工作结果的强调远胜于对具体方法的强调。对于项目团队更是这样,发起人点明希望获得的结果,至于通过什么方法实现这种希望的结果,他留给团队的领导和成员去考虑。对要实现的结果做到了心中有数,团队就可以利用经时间检验证明行之有效的工具来计划工作,最终来实施这种计划。因为大部分团队事实上都是项目团队,这些经时间检验证明有效的工具仍然是那些在过去六七十年间发展起来并被项目经理们反复用到的东西。

项目管理是全程地管理一个重点的、有时限的、以目标为导向的工作。其中会涉及到配置人员和资源,协调各种活动和开销,监督工作。典型的项目有四个阶段:计划,巩固,实施和结束。我们这里只考虑第一个方面,即计划阶段。就从确定明确的目标开始讲起。

理清各种目标

"设计一个网站,使之能为顾客提供快速、准确、低成本的产品信息和订单履约服务。"发起人可能会在团队章程中对团队目标这样描述。但这到底是什么意思呢?何谓"快速"?怎样界定"准确"?交易中的差错控制在千分之一之内可以接受,还是必须控制在万分之一之内才能达到发起人的期望?网站的成本耗费到多低的程度才算是低成本?这些问题必须要搞清楚,最好是与发起人一起协商解决。各种目标都应该是具体可测的。如果不是,你可能就无从判断团队到底完没完成既定的目标。目标的实现还应有个时间限度,项目不可能是没有结束时间的。

注意:附录 A 中有个工作表可以帮你界定你的团队项目。像附录 A 中的其他材料一样,你可以在哈佛商务指南网站上免费下载,网址是 www.elearning.hbsp.org/businesstools。

造优势团队

具体确定各种任务

如果各种目标都很清晰又被大家普遍接受,那么就回头看看完成这些目标都需要做哪些具体的任务。这无异于一个填空练习,在其中人们解决如下问题:

- 实现这些目标必须要完成哪些任务?
- 完成这些任务有什么具体的先后顺序?其中的哪些可以单独做,哪些必须按顺序做?
- 完成每项任务的具体时限是什么?

表4-1列出了一种方法,可用它来具体确定各种任务、相关的子任务和时段分配。表中举了个例子,目标是把三个网络服务器和两个数据库转移到一个新的数据中心。

从表4-1可以看出,每一个主任务被进一步细分为一个或数个一级子任务,有些甚至又被分成二级子任务。每个子任务都定有一个估计的持续时间,总共的时间是22天。但这并不意味着完成此项目所需的时间是22天,因为有些项目可以平行完成。例如,成员们可以提示数据中心注意新设备的运抵,而在同一时间段内制好订单并交给供货方。项目经理们运用进度计划工具把各单个任务安插到分散的时段内,看哪些任务必须按特定的顺序做,哪些可以单独做。这些进度计划工具有PERT图表(Performance Evaluation and Review Technique,绩效评估技术图表)和Gantt图表等。图4-1表示的是数据中心项目PERT图表。

顺利开始

表 4—1

任务的具体确定表

主任务	一级子任务	二级子任务	二级子任务持续天数
获取设备	购买3个服务器和2个数据库	制好购买订单并交给供货方	5
	将新设备运往数据中心	提示数据中心注意新设备的运抵	2
准备设备和安装设备	物理安装硬件	安机架、连线并确保网络连接	2
	安装操作系统		1
	安装应用软件	安装的软件包括：服务器软件，数据库应用软件和要用的附属软件	2
	拷贝内容到新服务器	拷贝配置，传送文件到新服务器，并适当安装	3
调试设备	调试机器	确保网络连接；核查数据库的连接及性能	2
实际运行	切换到新的数据中心	把网页和数据库链接到新网站	1
	核查数据和内容的完整性	做先期检测以确保数据的精确	1
再次调试	网站连续运行24小时后再次核查数据及内容的完整性		1
处理旧设备	从网站上移开旧设备	拆除设备，卸载软件，删除内容	1
	把设备留作以后使用或出卖	运送设备到仓库存放	1
	持续总时间(天数)		22

资料来源：Harvard ManageMentor® Project Management（Boston：Harvard Business School Publishing，2002），16。获准使用。

打造优势团队

> **制定项目进度计划的几点提示**
>
> 1. 列出具体任务的清单。
> 2. 为每种任务分配一个可交付成果——例如,样品的市场测试。
> 3. 以可交付成果为基础,制定一个含有可行的阶段目标及其完成时间的项目进度计划。
> 4. 找出可能影响项目进度计划的瓶颈。
> 5. 找出消除瓶颈的方法,或者利用额外的时间绕过它们。
> 6. 建立更新和修正进度计划的控制和沟通系统。
> 7. 使利益相关者参与到团队中,让他们了解项目取得的进步以及进度计划的改变。
>
> 注意:很多复杂项目的经理们利用计算机程序来做项目计划和项目进度计划。为了找出对你最为适用的应用程序,你最好浏览一下最新的软件评论并向有经验的项目经理征求意见。

分配任务

在一些项目团队中,成员们加入团队或被派到团队中去是在任务被确定下来之前;他们自己组织在团队最高目标的周围。其他情况是,以经理或职能专家为核心的一小群人完成了任务的具体确定。这几个核心人物先考虑什么事情是必须做的,然后招聘具有完成这些不同任务的能力的人员。不管哪种情况,分配团队任务时都要考虑以下标准:

- 把任务分给那些有能力把它做得最好的人。

图 4—1

图表

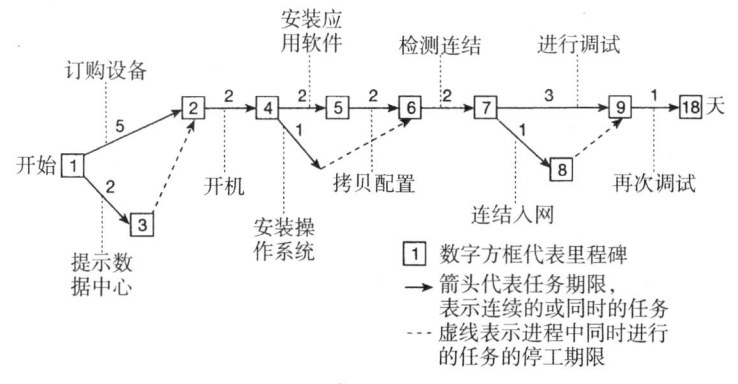

```
订购设备        安装应        检测连结    进行调试
              用软件
       5    2      2      2      2      3      1
开始 [1]——[2]——[4]——[5]——[6]——[7]——[9]——[18]天
     \    /        \1    拷贝配置   \1
      [3]          安装操           [8]
     提示数        作系统           再次调试
     据中心                        连结入网

[1] 数字方框代表里程碑
→ 箭头代表任务期限，
  表示连续的或同时的任务
--- 虚线表示进程中同时进行
  的任务的停工期限
```

资料来源：Harvard ManageMentor® Project Management（Boston：Harvard Business School Publishing，2002），25。获准使用。

- 要搞清每项分配的任务都是团队最高目标的要求，而这些团队目标又是整个组织目标的要求。
- 任务分配后，还要分配完成这些任务的相应的权力和资源。

订立成功的衡量标准

团队应该确定一套具体绩效标准来度量团队通向目标过程中的进步。选用哪种标准主要取决于具体的工作；不仅如此，它们还应该能反映出通向团队目标过程中各个清晰的阶段目标的实现。例如，负责把公司的网络服务器和数据库转移到一个新的数据中心的项目团队，在决定采用何种成功的衡量标准时至少要考虑到

造优势团队

以下各点：

- 在18天之内完成这个工作。
- 转移到新系统上后，能够提供99%的无差错服务。
- 不超出最初确定的预算。

在树立团队目标时，团队领导和成员应遵循一个永远不会过时的建议：使目标具有挑战性，但又能够达到。否则，就成了理查德·哈克曼所讲的情况。他在有关团队的一本书中写道："做团队工作就像跨栏一样，栏太高了成员们就跨不过去，而太低了又让人觉得索然寡味。"[3]

做 预 算

能获得空白支票的团队几乎没有。管理高层预测从团队成功中能获取的收益，同时也会考虑到相关的成本。为把成本控制在可接受的范围内，管理层只会拨给团队有限的资源，并希望团队对其充分利用以完成目标。因此，团队要做一个预算来发挥这些有限资源的最大效能。

预算是为团队项目所做的财务计划。它把计划进行量化，使之可以衡量，以此表示出一段时间内——典型的是在预计的项目周期中——所需资源的耗费和预期收益。多数专家都认为：如果管理层不愿意对项目的预期成本给予全力的资金支持，那他就不应该发起这个团队。这句话里也暗含着对每个团队领导的提醒：

如果发起人对团队期望值很高,但却在给予团队合理的资金和资源上非常吝啬,那么你在决定是否接手这项工作时就要三思了,要么为那些必需的资源向他拼死力争。

做预算时,你必须预测所有的预期成本和收益(如果有的话)。项目成本的大部分花费在以下几个方面:

- **人员**。如果团队成员的人力成本由其所在的部门或他们所在的商业团体支付,你就没必要把这一项归到你的预算中。
- **外来帮助**。要考虑到可能开给顾问、培训师以及其他协调人的费用,并记入预算。
- **交通费**。你们的团队成员到达会议地点、去拜访客户、去做基准评价(benchmarking)等会不会有旅程花费?如果有,把它们记入预算。
- **培训**。项目团队常常会接受基于团队的工作的培训,会用到专门的软件,在发展技能方面也要有所花费。
- **主要支出**。如果团队使用的计算机、软件、通信设备等不是由公司提供的,那就要考虑到这些东西的花费,记入预算。
- **研究**。你是否会购买研究资料、数据等来支持项目?如果会,要花多少钱?

创建整合机制

拉几个人开一个发起会,给他们定下集体目标,然后免费发给

造优势团队

他们印有团队名称和标志的T恤衫;仅仅做这些是不够的,这只不过是名义上创建了团队。真正的团队是通过多种协作活动创建的:主要是共同工作和分享想法。你可以利用如下的整合机制来增进团队创建活动:定期会议,沟通联系,实体共置(physical col(l)ocation),以及其他建立团队认同和群体凝聚力的社会活动。

实际上,这些机制的目的全是,鼓励人们相互交谈,分享想法,分析和评论可供选择的战略,建立信任和友谊的纽带,以此激发人们的参与,使基于团队的工作高产。

一般而言,实体共置是所有整合机制中最有效但也是被最少用到的。研发团队和新产品团队已经发现可以通过一些方法来设计实体环境使其能促进更高的创新产出。例如,在一个充满多种类型的激励物的环境中,人们不仅有实体的接触而且可以通过电子技术相互联系,这让他们的思维更加开阔。

20世纪90年代后期,由麻省理工学院(MIT)的建筑与城市规划学院(School of Architecture and Planning)的一群研究者组成的SPORG团队(空间和组织研究团队,the Space and Organization Research Group)开始关注工作空间设计与工作流程之间的联系。SPORG研究的一个非常有趣的案例是有关施乐公司(Xerox Corporation)在其纽约的研究中心为一个新项目团队设计工作空间。[4]那里,对空间和工作项目的设计同步进行,让工作与空间具有高度的协调性。成员们之间的距离被设置得非常接近,这样他们交流起来更加方便,他们距离那些他们脑子中想到的和实验中用到的物理设备也更近。那些进出、穿越工作空间的路线都经过了特别的布置，方便团队伙伴之间经常接触。聚会处所也经过了设计，使得实验室中的那些物理设备抬眼可见，伸手可取。会议是开放的，人人可以参加。

有项研究正在逐步兴起，愈来愈多的研究成果在证明我们的直觉已经告诉我们的事实——共置以及工作空间设计的特征，像施乐公司实验室的设计那样，直接关系到工作的效率。事实上，现代管理转向于非正式的、基于团队的工作方式已经促使建筑学家和设计师去设计更能适应工作流程变化、更关心雇员之间交流、更支持创新型和认知型工作方式的空间。这也是宝马公司（BMW）在慕尼黑的工程中心，——FIZ（研究与创新中心，*Forschungs und Innovationszentrum*）的设计理念所在。

1987年开始投入使用的FIZ的设计是基于共置的理念。它把所有与汽车产品开发相关的人员放到一个地点，其中包括宝马的供应商。现在约有5000名研究人员、工程师和技术人员在FIZ中工作。FIZ是围绕着一个把各个工作群体连接起来的网络设计出来的。FIZ中的任意两个组成部分之间的距离不超过150米。这样就会促进那一大群朝着共同目标努力的人进行实体接触和非正式交流。戴姆勒—克莱斯勒汽车公司（DaimlerChrysler）设计其位于密歇根州奥本山的技术中心时，也试着采用同样的设计理念，不过规模更大，是FIZ的两倍。

你们团队工作场所的情况又是怎么样的呢？成员们是在门窗紧闭的办公室里工作，与其他成员接触纯属偶然一见，或者需要对实现这种接触做进一步的规划？那些需要定期互动和分享想法的

造优势团队

成员们之间的平均距离是多长？组织研究者很早就知道了随着工作伙伴之间距离的变长，他们之间的交流频率也急速地下降。正像麻省理工学院的研究员汤姆·艾伦（Tom Allen）几年前所发现的："人们总是更愿意与离他们最近的人沟通。因此，人员和群体的不同位置分布要么能促进交流，要么会压制交流。"[5]因此，工作空间设计和团队成员的人身位置分布对交流以及知识分享的深度有重大影响。

马克·迈耶（Marc Meyer）和阿尔·莱纳德（Al Lehnerd）在他们有关基于团队的产品平台建设的书中强调了共置的重要性：

  团队中的共置原则，使成员接触各种信息，并让信息具有连续性非常重要……单就是把成员聚到一个地点已经证明能够增进沟通和信息分享。那里，对于一个人毫无用途的、零零星星的知识和信息，与他人的零碎信息拼合到一起就可能产生有用的灼见。团队共置还能增进成员之间的关系纽带，增进那种受关注、紧急、高风险的项目所需要的承诺。[6]

解决共置问题的一个有效的方法是建立一个**团队室**（team room），在把成员的个人工作空间移近的方式不可行时就可以这么做。团队室是专供团队及其成员开展工作的一个场所。在团队室中可以开会，可以让成员们碰头分享想法，还可以陈列或保存与团队工作相关的物理器具和记录。其中陈列和保存的内容包括：

- 被拆散的竞争产品
- 团队现在的产品样品
- 相关的检测和研究报告

- 一个储放技术书籍和期刊的专业资料库

> **最佳使用团队室的几点提示**
>
> 团队室是团队举行会议的自然场所。只有在大家把它当成一个经常聚会的场所时才能发挥这个地方的最大功用。你可以做以下这些来吸引成员经常光顾团队室:
>
> - 发起人定期在团队室举行自带午餐会。利用一个专题,例如把科学研究专家,关键的客户,联盟伙伴执行官的来访作为吸引大家到团队室参加这些非正式聚会的理由。
> - 创造一个舒适宽松的环境,不要选择传统的会议室家具,而选择沙发、咖啡桌、长沙发椅等。
> - 预备足够的笔和便签纸,以便大家随时取用来写出自己的想法。
> - 放置一个小冰箱,里面放上苏打水、果汁和点心,这些东西会把成员们吸引到团队室里。

要充分利用团队室的墙壁,可以贴上以下这些东西:

- 一个放大的 PERT 图表或 Gantt 图表,上面连续记录着团队项目当前进度和从开始到结束的各阶段目标
- 团队章程的原件,上面有发起人的签名
- 团队的预算,包括当前的各种变化
- 团队"友人"——那些对工作有着重要见识并且乐意给予帮助的非团队人员的姓名和电话

团队室中还应配有电话,有可能的话配上视频会议设备,这样可以方便群体讨论时与不在场的成员以及友人交流。最后再放上一块白板和一张活动挂图就可以了。总之,团队室及其内部的设

备要方便团队工作,增进团队认同。

树立行为准则

把一群人转变成高效的团队不是一下子就能做成的事。来团队工作的每个人都有自己个人的盘算。许多人把他们的团队伙伴看成自己晋升、得到认可和获取奖赏的竞争对手。还有些人很不喜欢团队中的某个或某几个人,对把自己派来和他们一起工作心存不满。而且总会有那么一两个人缺乏群体工作的社交技能。

个人的盘算、内部竞争、牢骚以及社交技能的缺乏会多多少少地存在于每个团队中;如果这些东西不能被遏制或者中和,它们就会破坏团队效率。把多样化的特长和工作风格吸收进团队让你花费了很大力气,结果却事与愿违,它们为协作出了难题。可想而知,技术专家经常满口讲着难懂的专业术语。一种解决这些问题的最好方法是订立明确的行为准则。按卡岑巴赫和史密斯的说法,以下方面的规则最为关键:

- **参与**。团队成员以及领导都必须明白,如果个别成员缺席会议或不参加工作联席会,团队就难以做出决策,或难以完成工作。如果你是领导,大家都会以你为榜样。如果你习以为常地迟到或缺席,其他人便会效仿你的行为。

- **打断**。在开会或工作联席会上确保每人都关掉手机。开会的时候接电话会让人觉得那个电话要比团队正在做的工作重要得多。

● **没有"圣牛"**（在印度教中，牛是神圣不可侵犯的，此处指的是不可讨论的事情——译注）。确保没有什么事是不可以讨论的。例如，即便预知到某位执行官不会喜欢某种改变发生，负责重新设计流程的团队也不能在讨论这种变化的问题上畏缩或不情愿。因为执行官可能会反对这件事，而把它藏在桌子下面不拿出来讨论，就会给人一种暗示：团队以及团队工作是无足轻重的。

● **建设性的批评**。问题总会有各种不同的解决方案，有些方法之间可能还存在很大的冲突。各种方案的支持者必须明白，他们享有阐述自己观点的权利，但也有义务不通过欺骗或隐匿相关信息等手段阻止别人见解的声张。有团队精神的人（team player）也必须要学会怎样以建设性的方式来否决别人的观点。

● **机密**。有些团队事务注定是敏感的。这些事情不可能被自由地讨论，除非所有的成员都保证不把所讨论的东西走漏出去。

● **以行动为导向**。组建团队的目的不是让它干巴巴地讨论事情；会议只不过是隔段时间开一次而已。团队真正要做的是去行动并产生结果。一开始就要挑明这一点。用卡岑巴赫和史密斯的话说，以行动为导向意味着"每个人都在做实实在在的事，"以及"每人都在完成分给自己的任务。"[7]

以后，我们会花更多篇幅研究如何处理与行为准则相关的问题。可是我们有必要在这里讨论一下如何来执行行为准则，因为能否处理好它是关系到团队能否顺利开始的关键所在。

你们群体的行为准则应该是怎样的呢？这取决于群体的目标和成员们的个性。但无论如何，一套有效的行为准则应该是明确、

造优势团队

简洁的。行为准则还要包含以下基本点：尊重团队中的每位成员，承诺积极倾听，理解如何去表达观点和处理冲突。

为保证思想表达的自由，有些群体可能想更进一步——例如，讲清楚每个人都有权对别人的观点表示异议。还可以采用以下具体规则：

- 支持适当的冒险，
- 建立确认失败和处理失败的程序，
- 增进个人表达，
- 鼓励合作的态度。

不管团队采用什么行为准则，确保所有成员都参与到它的制定中——这样每个人都会乐意遵守它们。他们的参与制定和接受约束可以防止很多问题的产生。另外，要注意有些准则的出现通常让你难以预料，尽管有些规则在团队项目开始的时候就被明确讨论过。例如，在团队的首次会议上有些人的自尊心被挫伤了；你就会发现，在相关各方之间以后的互动中存在些许的敌意。那种敌意可能会通过事后批评、责难、嘲讽或其他的敌对行为表现出来。作为团队领导或成员，你应该让每个人知道相互尊重、公开讨论以及协作是团队期望的行为准则，以此制止这些行为的发生。

小　　结

- 通过一次全体会议来发起团队。每个人都要参加，包括发起人在内。在这次会议上要解释一下团队章程,强调团队目标的重要性,并说明团队目标如何与整个组织的目标相适应。

- 在如何决策上达成一致意见。这种意见一致将能让团队在其生命周期中节省宝贵的时间,另外,如果人们认为决策程序公正,他们就更容易接受决策的结果。

- 在制定计划和进度计划阶段,先要有明确的具体目标。然后把这些目标折分成可以操控的小份:任务和子任务。估计完成每个任务所需要的时间,然后把它们分配给最能做好它们的人去做。

- 在你制定进度计划时,找出那些可能让你的计划偏离正轨的瓶颈,然后想出一些方法来适应或消除这些瓶颈。

- 心里永远都要明白什么样算是成功。然后设定一套具体的绩效标准,以此衡量团队的进步。

- 使用预算来控制各种活动。首先要确保发起人提供的预算足够使用。如果预算太少,你可以与发起人商量能否把目标降一降。

- 整合机制的作用是把一群人变成一个真正的团队。定期会议、通信联系、实体共置和社交活动是你可以用来建立团队认同、群体凝聚力和协作的方法。

- 如果可能,不要让成员与成员之间的距离相隔太远。这样可以增进他们互动和协作的机会。更进一步:提供一个团队室,成员们在那里能够相互接触,分享想法,还可以在其中展示产品样品、研究报告。

造优势团队

● 你们可以通过制定大家能接受的行为准则来熨平团队内的不和谐,从团队成员的差别中获取最大好处。准时出席会议,按时完成分配的任务,当团队伙伴需要帮助时给予帮助,建设性的批评以及尊重不同的观点,这些都是积极行为准则的例子。

打造优势团队

5 管理团队的挑战

造优势团队

5 管理团队的挑战
——领导的关键所在

本章提要
- 团队领导的四种角色
- 团队认同的好处,怎样创建团队认同
- 团体盲思的危险之处
- 管理团队的创新
- 充分利用冲突的三个步骤

本章着手解决在管理和领导团队方面所遭遇的独特挑战。不管你是团队领导还是团队成员,找出这些挑战并知道如何对付这些挑战——能够让你成为一个优秀的贡献者和团队伙伴。

领导的角色

基于团队工作的一项最独特的管理挑战是在团队领导这个角色上。我们早先已经介绍过,团队领导必须做好传统经理要做的很多杂事:确保工作做了合适的分配和组织,让工作不偏离正轨并控制在预算之内,定期向上一级的权力机构——在团队中是向发起人——汇报工作成果和问题等等。对于工作的结果,团队领导比团队成员肩负的责任更重,他们要直接向团队发起人报告。团队领导在做这些事情时要做得轻松而高效,并承担最大的责任。但是指挥别人这项传统的职责需要以不同的方式来操作,有两个原因:

1. 团队中的不少人——即便不是大多数——不需要向团队领导汇报自己的工作。这个领导毕竟不是他们的老板,给他们开多少钱团队领导没有决定权,有时候团队领导的职位甚至要比有些成员的低。看看下面这个例子:在20世纪70年代后期,卢·维罗尔蒂创建了福特汽车公司的金牛座团队,这个团队内层的人员有公司的汽车生产规划主管,总工程师,还有总设计师,他们谁都不需要向团队领导报告工作。这些团队的核心成员在公司中的职衔都要比团队领导的高。[1]
2. 样样工作都要领导指挥是与协作以及基于团队的工作相违背的。如果领导总要告诉人们做什么、怎么做、达到什么标准,那么以团队的方式开展工作就乏善可陈了。团队领导既要像个老板那样行事,同时又想尝到团队工作的甜头,这是不可能的。

团队领导不能像老板一样行事,即便如此,他还是要扮演好四种重要角色,每种角色对团队的成功都至关重要。这些角色是:倡议者,工作表率,协商者和培训师。以下我们逐一讨论每种角色。

作为倡议者的领导

行动是由团队领导倡议的。尽管高效的领导并不告诉人们必

打造优势团队

须做什么,他还是要把成员们的注意力引到那些实现团队目标所必须做的事情上。好的团队领导所处的位置使他更适合倡议一项行动,因为他通常并不插手团队的日常工作,在领导的位置上他更容易看清工作和较高目标之间的联系。在成员们埋头于处理任务和解决问题时,领导正与发起人、管理高层以及外面的利益相关者密切联系。运用证据,再加上理性的思辨,领导鼓励成员去采取行动来实现那些更高的期望。这项职能很重要,特别是这些期望与团队中个别成员的期望相冲突时更能显出它的重要性。看看下面这个例子:

卡门(Carmen)是一个由雇员组成的团队的领导,这个团队的任务是制定新方案来充分利用公司的三层楼房的地面空间。她的老板是公司董事会的副主席,他希望得到一个既能最好利用现有空间,同时又能满足各部门所需的方案。每个部门在团队中都有一名自己的代表。

一开始,每个团队成员打着个人利益的算盘,都争着为自己所在的部门争取更大的空间。结果搞成了一场竞赛,一个部门多得了另一个部门就会少得。成员们一个接一个地为自己所在的部门说好话。卡门认识到这种情况的危害性,她很快就制止了争吵。她建议大家先从这些"领地"争端上撤离。"这么早的阶段,"她对团队伙伴说,"我们应该从现在的争吵上后退一步,然后去采用两种不同的讨论和询问方法。首先,我们应该就以什么原则来分配我们有限的空间达成一致意见。例如,是以部门的人数、业务、预算为标准来划分,还是以其他的什么标准?其次,我们需要找到我们现在利用地面空间的其他替代方式。其他组织有可能有更好的利用办公空间的方式,我们也可以以它们为参照,做一下基准评价。"

团队成员发现这些建议不会对自己的利益形成什么威胁,于是把精力都转移到寻找新方法上去了。最终,他们借鉴了几家公司在空间节省和空间分配方面的做法,制定出自己的计划。

在这个例子中,卡门是一项行动的倡议者。她并没有告诉别人应该做什么或者命令他们做什么。相反,她通过理性的思考倡议人们去做那些有用的工作。

作为工作表率的领导

传统的经理和团队领导都可以以身作则,用自己的行为来规范其他人的行为和表现。两者最大的不同是,团队领导必须更多地依靠这种策略,因为除此之外他们不能用晋升、加薪、威胁开除等方法来影响团队成员。

实际上,团队领导的表率行为是个有力的工具。他树立了一个其他人必须要看齐的标准,否则就会被人认为效率低下或小肚鸡肠。就卡门来说,她让大家撇开狭隘的私利,进而关注原则性的东西和最好的做法,这些对成员们的行为有良好的指引作用。团队由此从自私自利的争吵转向思考对自己和对公司都有利的选择方案。

领导可以通过多种不同的方式来引导团队的行为。如果成员需要走出办公室去与客户打交道,一个高效的领导不会指示他们去做这个。相反,他将会作一次常规旅行,到客户所在地,创建顾

造优势团队

客焦点群体（customer focus group，即为了听取对某一问题、产品或政策之意见，而把一群顾客招集到一起进行访谈研究——译注）等等。团队成员都被鼓励参加这个活动。一句话，领导做出一个表率行为，这会对团队的表现有直接的影响。

作为协商者的领导

"我希望比尔参加我们的流程改善团队，"团队领导对比尔的经理说。经理为难地皱起了眉头，比尔可是她最得力的下属啊。"到了团队后，每周要花去他四个小时的时间，"团队领导继续说，"包括开会和完成分配的任务在内。"

这样的请求是很让经理们犯难的。团队有目标，可是经理们也有他们的目标，他们被要求献出技能熟练的员工和其他资源；答应了团队领导的请求只能让自己的工作更加难做。高效的经理心里明白这一点，然后就会用协商技巧来获取自己的所需。如果执行发起人把团队的目标对于公司至关重要并希望经理们配合工作这些说清楚，那么这项工作就更好做了。

与资源提供者协商的最好方式是以积极的方式来定性这件事。经理们把这些请求常常看成是一种"零—和"的提议（zero-sum proposition），所以有协商技巧的团队领导提出要求时会让人觉得双方互利。差别就在这里：零—和（或叫赢—输（win-lose））协商发生于各方在分配有限价值时的竞争上，一方多拿了就意味着另一方要少拿。像比尔的经理一样，多数经理一开始都会把情况看成是这样。而互利(或叫一体化)协商完全就不同了,当各方都认可存在获利的机会时这种协商就出现了。作为团队领导,如果你能做好以下这些事情,你就更有可能把你的协商设计成互利型的:

● 强调一下组织的更高目标并说明团队的成功对这些目标有何贡献。要重点强调本书早先已经指明的一点:团队的目标必须相当重要而且与组织的目标相一致。

● 重点指出如果对方提供了帮助,他们能获取什么好处——例如,指明团队的成功对对方的成功也会有所贡献。

做一个成功的协商者,团队领导必须让自己看起来可靠、值得信赖,还要表明互利是现实的。

作为培训师的领导

好的团队领导总是设法让成员变得更优秀。多数情况下,培训可以实现这一点。在其有关基于团队的工作的书中,理查德·哈克曼指出,好的培训能在三个方面为团队提供帮助:首先,能增进个体成员对其工作的努力程度;其次,能保证所做的工作是适当的;最后,能帮助成员最大限度地发挥自己的才能。[2]

培训是一种双向的活动;在其中,大家分享知识和经验以挖掘某个团队成员的最大潜能,帮助他完成大家认可的目标。培训是多人共同做的事情,被培训的那个人积极自愿地参与到活动中。好的团队领导能在日常的工作过程中发现培训的机会。培训能让成员增强一些常规的技能:更好地作报告,制定工作进度,处理团

造优势团队

队的内部冲突，获取外部资源，做预算，甚至还可以在团队的环境中更有效地工作等等。

在团队中培训机会更加流行，因为成员们最终需要的许多技能是在项目的进程中必须要学会的技能。例如由于技术能力被录用的工程师可能猛然间发现她要准备和提交一份条理清楚的进度报告给发起人和管理高层。她必须很快地学会提交报告的技能，最好的方法通常是接受团队领导的培训。

如果你是团队领导，你和某位成员认为一起工作能提高工作绩效，你可能就会同意在你们之间构建一种培训关系。通过培训，你可以对其他人在以下几方面提供帮助：

- 重新点燃对项目的工作激情
- 如果她在工作上出了问题，可以把她拉回正轨
- 最大化她的能力，例如，提高分析技能

管理与培训的比较

尽管经理们常常充任培训师，但管理和培训毕竟不是一回事，这也是许多经理发现培训比较难做的原因。以下是一些主要的不同点：

管理的关注点：	培训的关注点：
告知	探索
指挥	协助
权力	伙伴关系
即刻需要	长期提高
常常追求某一后果	开放地接受各种可能结果
下属关系	寻找和探索与别人的互补点

- 战胜个人障碍，例如，消除与一个难缠的团队成员接触时

的畏缩感
- 获得新的技能和能力，例如，学会如何站着做一个好的报告
- 准备承担新的责任，例如，接办一个特别的任务
- 更有效地自我管理，例如，提高时间管理技能

好的培训能够带来更大的工作满意度和更高的工作激情。它还可能改善你与其他人之间的工作关系，让你这个团队领导更好当。只要记住有效培训需要双方自愿。对方必须**想**做得更好而且**乐意**接受你的帮助。

注意：关于有效培训的具体操作方法，见附录B。

非正式领导

团队研究者给予正式领导这个角色太多的关注，相比之下，给予那些为帮助团队实现目标做过很多事情的非正式领导的关注就太少了。非正式领导是这样一类人，大家在处理日常任务中会经常、自然地向他们征询意见、获取确认以及寻求指导。这样的人在每个组织中都存在，尽管他们手里没有被赋予什么权力，也不是组织中有正式编制的管理人员。

从某些方面说，技术专长是形成非正式领导的原因。例如，一个工作群体中其他的人都向某一个人寻求指导，是因为这个人有大家所不具备的技术专长。另外一种情况是，其他人缺乏他那种优秀的人际技能。例如，当每个人都开心地做自己的工作，按照指

造优势团队

示承担分配的任务时，人们就希望有这么个人，也就是非正式领导，来化解低层次的人际冲突和处理日常的协调问题。

合作领导造就交响效果

没有了CEO你们的公司还能运行吗？在战场上，当所有的将领都撤退了，军队还能打仗吗？如果团队没有了确定的领导，那它还具有效率吗？

纽约城的俄耳甫斯室内乐团（Orpheus Chamber Orchestra）的演出基地是卡内基音乐厅（Carnegie Hall）。乐队没有指挥，可是它照样能够像其他的交响乐团一样排练、演出、录制音乐，同时还赢得多种奖项和观众的赞誉。它怎么能够做到这些呢？秘密是俄耳甫斯室内乐团并不是没有领导的。相反，它通过"协作领导"来指挥乐队。两位作者哈维·塞弗特（Harvey Seifter）和彼得·伊科诺米（Peter Economy）对这个特别的组织做了一番研究并提炼了协作领导的八项原则：

- 把权力赋予那些做事的人。
- 让个人对产出和质量负责。
- 给每个人界定明确的职责。
- 使团队工作处于同一层级。
- 学会倾听，学会交谈。
- 达成一致。
- 充满感情地对任务表示承诺。

合作领导适合你们的组织吗？适合你们的团队吗？要知道答案，请阅读这本书。

资料来源：Harvey Seifter and Peter Economy, *Leadership Ensemble* (New York：Times Books, 2001)。

如果你是团队的正式领导，你如果能做好以下这些事，你就会更加成功，你的工作也更加好做：

- 看看谁是你们团队的非正式领导。你可以通过他们的行为和他们从别人那里获得的尊重这两方面看出来。

- 确保非正式领导理解团队目标，知道目标为什么重要，并能把这些目标当成是自己的目标。为了做到这一点，你可以与他们建立良好的关系，并通过这些关系把团队的光辉愿景传达给其他人。

- 给予非正式领导充分的贡献机会。例如，让非正式领导去带领特别的任务组，安排非现场会议等等。

如果你是团队领导，如果非正式领导在团队中比你的影响力更大，你千万不要感到奇怪。对此既不要烦恼，更不能嫉恨。相反，好好利用他们的影响，看能帮上你什么忙。

鼓励团队认同

作为倡议者的领导，必须处理创建团队认同这件工作，即把大家粘合在一起的那种心理上的东西。没有认同，你就不可能有一支团队。

还记不记得你最近一次乘电梯的情景，当时电梯拥挤异常？你周围有可能会有四五个人，很多人你根本不认识。其中的两个可能正在聊天，其他的人要么盯着电梯的楼层显示器，要么低头瞅着自己的鞋子——大家都设法避开别人的目光。尽管大家都在电梯这个有限的空间中上上下下，方向一致，可这根本就不是个团

造优势团队

队；因为没有把大家联系在一起的纽带，人们也没共同实现目标的感觉。

从某些方面说，新成立的团队都会面临认同缺失的困境。成员不管是经过哪种方式被挑进团队，在同一个项目上工作，在他们有机会互动、探讨共同目标，或者携手解决一个问题之前，他们其实和刚才讲到过的电梯中的那一小群人没有什么两样。

团队认同的好处

团队管理的一项真正重大的挑战是把一群毫无关联的人转变成一支拥有共同认同感和共同目标的团队。团队认同为什么会如此重要？有两个原因。第一，团队认同能鼓励成员们在追求工作结果时相互依靠——这也许是能为团队绩效做出最大贡献的一点了。相互依靠感可以使团队戒除那种削弱团队绩效的"我做我那份"的工作态度。如果成员意识到实现目标要相互依靠时，他们就会对那些干活很吃力或者会落在后面的成员伸出援助之手。同样，绩效差的成员也会感觉到压力，争取做到更好。就是这种行为使纽克钢铁公司（Nucor Corporation）的钢铁工人的生产能力有了不可思议的提升。当纽克的众多工作团队中的一个团队出现了问题时，没有人会坐在那里袖手旁观，说"那不关我的事"；相反，他们会携手不让生产停顿下来。他们领到的薪水是与产量挂钩的。同样是这种行为在西南航空公司（Southwest Airlines）中也发挥了巨大作用。飞行机组人员和门卫人员，一起参与到让飞机完成装载并准时起飞的工作中。在以上两个例子中,人们感觉到他们要实现目标,谁也离不开谁。当出现了什么问题或者任务必须完成时,没有谁会抛出这样的话:"那不是我的工作。"

团队认同与相互依靠两者密不可分。"没有哪个群体能变成团队,如果它在工作中不能相互依靠的话,"乔恩·卡岑巴赫和道格拉斯·史密斯说道,"团队依靠,其核心就像我们对自己和对他人所说的真挚诺言。诺言能巩固高效团队的两个关键方面:承诺和信赖。"[3]

产生团队认同的第二个重要原因,是它能够唤起成员们更深的承诺和更高的努力程度。在军事上,这被称为小群体凝聚力。已知的事实是,当士兵的认同与他们所在的部队有很深的联系时,他们在面临战斗的压力时就能更加紧密地团结在一起,增强战斗能力。因为每个士兵都知道自己并不孤单,他们有一帮兄弟,与自己出生入死,与自己一起品尝胜利。在这种精神的鼓舞下,他们就能互相英勇地救助,有时甚至不惜牺牲自己的生命。

在商业的环境中,团队的认同通过以下方面表现出来:更乐于协作,分享信息,更努力工作,共同决策,先团队目标后个人目标等等。能在你们的团队中创建认同感,团队领导的担子就会更轻一些。

培育团队认同

很明显,团队认同十分重要。但是,如何创建或者强化这种认同?从你的亲身经历中你可能对答案已经略知一二。如果你曾参

造优势团队

加过童子军,你一定穿过标志着你是那个群体中的一员的制服,你也曾对童子军同伴都拥护的那些价值观宣誓效忠过。如果你曾经是朋克摇滚乐迷,你会欣然地甩掉你的耐克鞋和牛仔裤,然后换上黑色的皮衣,留个刺猬头,再戴上个鼻环。这些外部标志就认可了你是那个群体的一员,认同群体所代表的东西。工作团队也试着这样做,例如让大家穿团队T恤衫,戴团队帽子等。这些标志很有用,但也仅限于此;对共同目标和价值观的认同才更加有力。

团队认同问题之中隐含了一个两难的困境:多样化会给团队带来真正的效率,但这也会阻碍团队认同的实现。杰弗里·波尔泽写道:"团队成员的不同是多样化的意见、视角以及技能的来源——这些东西又能提高团队的决策能力和完成工作的能力。当团队任务的不同组成部分相互依赖时,团队成员就需要整合他们不同的工作能力。"不幸的是,多样化也可能像绊脚石一样,会阻碍有助于成员们整合工作的社交互动。杰弗里·波尔泽接着写道:"实际上,正是这些不同赋予了团队实现更高绩效的潜力,同时也正是这些不同使得成员们更难于在一起工作——因为不同会引起误解,导致不同的假设,还有陈规旧习、偏见等相关的不利方面。"[4]

多样化可能引发的问题很多。例如,就文化层面上来说,一个跨国研发团队的美国方成员可能会对与他们一起工作的德国方成员的中规中矩感到厌烦。同样地,德国人也不欣赏他们北美同事表现出来的随意和缺乏敬重。例如,具有高学历的德国人希望别人称呼他为"某某博士",而不是"嗨,汉斯。"这两伙人都会在背后不无嘲讽地开对方的玩笑,当着对方的面他们才不会讲这些呢。

强烈的差距同样会——如果不是给团队带来不信任和不快的话——给团队带来一丝紧张因素。

团队领导要应对的挑战是，增强团队认同，同时又不压抑那些让每个成员与众不同的宝贵差异。在克服差异的负面影响和培育团队认同上你又能做些什么呢？要做的最重要的事情是，强调那些与个人价值观、经验以及个人利益有关的活动和目标。例如：

● 在招聘成员时仔细挑选。选择那些认为团队目标重要而且有价值的人。这些人更有可能把注意力集中在实现团队目标，而不是在团队中的差异上。

● 让成员们参加那些他们认为有趣味或有意义的活动。这同样有助于他们关注最要紧的事情，即关注团队要实现的结果。

● 抓住机会认可个别成员的技能和贡献。这样能够让这些人觉得他们受到了欣赏，觉得自己有价值，是团队中的一分子。

● 公开地承认差异的好处，以及这些差异对共同目标的作用。

● 为成员们创造互相认识的机会。不管是通过外出的娱乐活动、在团队室举行的午餐会还是其他活动的方式，让人们有机会见面认识。这样做能让他们突破旧的观念（比如"与这些工程师一起工作真费劲"），并能找出协作的基础。

● 让人们一起工作。没有什么能比并肩工作更能创建团队认同的了。

要特别地关注一下新成员。他们最初肯定会觉得自己是个局外人。如果你曾经加入过一个俱乐部或运动队，里面的成员都相互认识，并有着共同的经历，你开始的时候就会有这种感觉。你是个局

外人——是个让其他人觉得奇怪的人。那些原有的人员在一起时很舒服,你这个新来的,觉得被疏远了,不像是那个群体的一员。

在团队中,新成员在认识他们的新同事和学会怎样与他们互动和利用他们的才能之前通常不能全部发挥出自己的工作能量。团队领导以及其他成员,可以让新来者感受到欢迎,并使他们尽快融入团队项目中去,这样就可以缩短"低产期"的持续时间。不要期望新来的人员知道到了哪一步,下一步该怎么做。如果觉得合适,在新成员到来时举行一点相关活动。

最后,你为培育团队认同所做的任何事情都会体现在团队的绩效上。

提防团体盲思

任何一个组织严密的团队都可能成为一种叫做**团体盲思**(groupthink)的思考方式的牺牲品。团队的组织越严密,这种风险就越大。前耶鲁大学的心理学家欧文·贾纳斯(Irving Janus)创造了这个词,他把团体盲思定义为:内聚、同质的群体中的成员可能采纳的一种思维方式;特别是,群体的成员为了形成一致意见,甚至到了一种极端状态——他们根本就不考虑可供选择的其他想法。团体盲思不同于本书以前讨论过的"假的一致"。假的一致的情况是,虽然每个人都点了头,事实上他们并没有真正地同意。人们这样做是因为(a)他们已经厌烦了反对某些事项并希望论题转到其他事情上,或(b)他们想清楚地向别人表明:"我在这件事上不与你过不去,你在其他事情上也要支持我。"恰恰相反,团体盲思是基于真的一致。

团体盲思是思维在某一标准上的聚合,每个人都认为这种标准是正确的。很不幸,这种聚合不是受客观情况的驱动,而是受社会心理压力的驱动。当所有成员对团队都有较深的认同时,他们就可能更强调共同点(而压抑不同点),并努力去迎合别人。这样做可以造就合作,好事情,但是也会在无意中剥夺了关键思维和争辩的表达。赞同和统一的冲动战胜了客观。

社会心理学家很早就发现,当群体的成员意识到其他成员的意见时,群体内的各种意见就会发生聚合。例如,如果让经济学家分别预测利率,大家所预测到的利率分布的区间比较宽。然而一旦让他们知道其他人会做出什么预测时,利率的分布区间就会很奇怪地变窄,其中大多数的预测都向平均值靠拢。这种预测结果的聚合被解释成个人不愿意做出与别人相比太离谱的预测——可能是缺乏自信的表现。你可能已经在你参加的小组会议上发现过同样的现象。

意见的聚合对于团队是重要的,特别是在目标、决策如何作出以及行为准则等方面更是如此。在这些问题上达不成一致,团队就不能高效运行。但是当这种意见聚合升级成团体盲思时就非常危险了。观点的多样化让位于同质化,这就会产生一种认为得出的观点是必然观点的错觉。那些想法不同的人甚至会被说教或者被排除在决策群体之外。团体盲思的症状有以下这些:

造优势团队

- 有种错觉在盛行：认为做出的决策是千真万确的。
- 领导被隔离或包庇在相反的证据之外。
- 成员们接受那些确认观点的数据，而否决那些与他们脑子中所想的相异的数据。
- 不考虑选择方案。
- 个别成员的观点与大多数人不合拍，这根本无人理会，或被其他人认为不着边际。

你所在的团队中有这些症状吗？如果有，领导和成员必须采取措施来欢迎那些有见地的、多样化的意见。一种措施是授权几个既有头脑又受人尊敬的人成立一个小团队来客观地提出不同的想法和数据。团队要对小团队的每种主要假设进行审查并报告。另一个杜绝团体盲思的措施是任命一个受人尊敬又有素养的人来唱反调。这个人将对被大多数人接受的假设和结论提出质疑。他还要提出不同意见，并让其他成员就这些与他们意见相冲突的事实和意见做出解释。

管理团队创新

在多数基于团队的工作中，创新都是一个重要的因素。自我管理型团队必须想方设法以更快的速度、更高的质量、更低的成本完成同样的工作。项目团队的组建是要解决独特的问题和处理独特的机会机遇——这些是常规的方法所无能为力的。两种类型的团队都受益于其成员创新。[5]

很多人都认为创新是个体现象。创新通常是个人行为，但是很多发明创造都来源于创新群体。贝尔实验室（Bell Labs）的科学家发明的晶体管就是个例子。同样地，托马斯·爱迪生（Thomas Edison）和乔治·伊斯门（George Eastman）实现的很多突破都是由这两位著名的发明家和许多与他们一起工作的技术人员、工程师做出的。群体通常能够比单个人有更高的创新产出，原因是它们能够在工作上动员更为多样的能力、洞见、经验和能量。可是，为了收获更多的产出，群体的思维方式和技术技能的构成必须合理，多数情况下，这是指风格和技能的多样化。多样化的好处是：

- 人与人的不同可以摩擦出点燃新想法的火花。
- 思考和视角的多样化可以有效地杜绝团体盲思——也就是因为社会原因大家的观点会聚合在某一个特定的观点上。
- 思考和技能的多样化能给好想法更多的发展机会。

因此，领导要考虑团队中人员是如何配备的，成员们是怎样沟通的。

矛盾的特征

创新团队会表现出矛盾的特征。我们会认为团队表现出来的思考和行动的特性相互独立并相互对立。例如，团队需要与解决问题相关的、较深的专业知识，掌握所涉及流程的管理技巧，这样它才能最出色地完成工作。同时，团队也需要新鲜的视角，这种视

造优势团队

角不受现行思想和既有做事方法的左右。新来者的视角,通常被称作"新手见解"(beginner's mind):他们感到好奇,甚至觉得好玩,于是会问起任何问题——不管这些问题看起来多么幼稚——因为他们的确不懂他们所问起的东西。因此,把对立的特征放在一起能够催生新想法。

表5-1列出了一些看似矛盾的特征,而这些特征又是群体所必需的——群体以此来最大化自己的创新潜能。很多人错误地认为创新只是表格左栏中的那些项所具有的作用:新手见解,自由,玩耍以及即兴创作。可是,兼用左右两栏是需要的。经理们可能会对这些矛盾的结合感到费解和心烦,因为在一个缺乏高度秩序和线性活动的环境中他们会觉得不舒服。在管理创新中,先接受这种环境是迈向成功的第一步。

表5—1

创新群体的矛盾特征

新手见解	团队既需要新鲜、不受经验拘束的视角,也需要成熟的专家意见。一种有用的做法是引入外面的人来平衡这两种视角。	经验
自由	团队必须为真正的商业需要工作——并与公司战略一致。但是,团队也要有自我作主的范围,即一定的自由度来决定怎样实现战略和解决商业需要。	纪律
玩耍	很多创新产生于玩耍中,但以专业方式做事是必须的。为玩耍提供时间和场合,但要清楚地界定合适的时间和场合。	专业性
即兴创作	谨慎地计划你的项目,但要记住项目的发展并不一定完全按你的计划走。鼓励成员设法把未料到的事件转化成机会。保持计划的足够弹性,使新的和改良的想法能纳入其中。	计划

资料来源:*Harvard Business Essentials:Managing Creativity and Innovation*(Boston:Harvard Business School Press,2003),85。

管理分散思维与集合思维

任务该如何去完成？每次你让团队成员就此问题进行辩论和做出计划时，总会出现两种不同的思维类型：分散思维（divergent thinking）和集合思维（convergent thinking）。在传统的工作群体中，这两种思维都不太重要，因为思考和计划是经理们做的事，雇员们只要干活就行了。但是在团队的环境中这两种思维就变得非常重要了。如果你是团队领导，你必须认可和调和这两种互补的思维类型。

多萝西·伦纳德（Dorothy Leonard）和沃尔特·斯沃普（Walter Swap）在他们有关群体创新的书中描写道，**分散思维**代表了与人们熟悉的、固有的看待问题和做事方法的决裂，它允许人们以全新的方式去看待旧事物。[6]我们很容易直观地感觉到分散思维的优点。如果我们连续地从同一个位置，在相同的亮度条件下观察一个物体，我们只能看到物体的一个固定的、有限的图像。改变一下亮度和观察角度，那么感觉就会跟着改变。对物体的观察就会更全面，更细微。换个新的视角看问题就有可能产生洞见和新的想法。但这些新洞见具有价值吗？这是**集合思维**所要试图解决的问题。在把分散思维得出的结果转化为具体的行动建议上，集合思维能够提供一些帮助。别人接收到从分散思维中得出的想法后，他们就会对其进行评价，进而决定哪些确实是新奇并且值得采用的。这便是集合思维，它也是基于团队的工作的一种好处。没

造优势团队

有集合思维，有创新想法的人自己孤立地工作很容易钻进死胡同，这样既耗费时间，又浪费了资源。

从分散思维过渡到集合思维的过程中，团队不应该再强调什么是新奇的，而应该强调什么是有用的。集合就要有限制，即把问题的解决方案压缩到一个既定的限制范围之内。那么这个限制范围如何定？公司和项目的文化、使命、优先事项(priority)以及高层的理念，都是影响答案的因素。它们能帮你排除那些项目范围之外的选择。

以下这些问题是团队，例如新产品团队，在应用集合思维发掘一系列可能的行动方案时可能要问到的：

● （从顾客的角度来看）哪些是必不可少的功能？而哪些只不过是让产品更好一点的补充功能？

● 哪些标准是由企业的价值观决定的？例如在费雪(Fisher-Price)牌产品组中，很多新玩具的定价是基于对母亲有利的观念，因为很多玩具都是母亲买给孩子的。

● 成本的限制是什么？

● 大小规格以及形状有什么限制？

● 项目要多长时间完成？

● 在哪些方面产品或服务必须与市场上已有的产品或服务相兼容？

> **改善集合思维的几点提示**
>
> 　　工作群体通常倾向于迅速统一意见,决定什么是唯一最佳的解决方案,或排除其他不同的见解。杜绝这两种不正确的做法是团队领导和经理要做的。看看以下建议:
> - 定下一个"孵化期",在这个期限内人们可以仔细权衡各种选择方案。考虑一两周后,人们对有些方案可能就不抱那么多的希望了。
> - 正式任命一个唱反调的人,让他专门挑战各种与群体看好的方案相关的假设。
> - 确保不同的意见得到容忍和保护,并且异议者具有表述他们相异观点的自由。否则,在决策中就可能出现团体盲思。

管理冲突

　　与其他的多人团体一样,团队中也会存在冲突。实际上,多样的思维和技能共存于团队中更增加了冲突的可能。不同的思维方式,不同的专业技能并非一定要有相互和谐的必要。例如,在产品开发团队中,财务专家对工程师提出的行动计划的相关成本非常关注,工程师可能会对此感到厌烦。"这家伙连螺丝刀和钻床都分不清,"他们互相抱怨道,"他只会拖我们的后腿。"还有的情况是,团队成员中的一部分提出了重新设计流程的计划,而其他人则坚决反对。"简直是疯了,"他们向团队领导表达自己的不满,"那样做只能让流程变得更坏,费时而无功。"这些冲突到处可见,而且是在预料之中的。既然这些冲突不可能——也不应该被根除掉,团队必须学会管理这些冲突并充分利用这些冲突。

要把冲突从消极化为积极,团队成员就必须倾听别人的意见,愿意去琢磨别人的不同观点,并客观地对别人的假设提出质疑。同时,团队领导要制止冲突演变成个人间的冲突,还要防止冲突转入地下——因为个人恩怨会就此产生。以下是充分利用冲突的三个步骤:

1. 创造一种氛围,让人们愿意讨论困难的问题。

当引发冲突的问题得不到解决时,意见分歧就会出现,也不能取得积极的结果。这件事被有些人称作"桌子上的驼鹿"(the moose on the table,即摆在桌面上的问题——译注)。它就在那儿,可是没有人愿意承认它在那儿,也不愿对它发表任何评论。你要清楚地表明,你**希望**这个棘手的东西暴露在大家的眼皮底下,这样**每个人**都能指出它是头驼鹿。

2. 为讨论创造便利条件。

一旦认出了它是头驼鹿,你又该怎样处理它呢?

使用以下几条原则:

- 首先,把你手头的所有事情停下来,承认问题的存在,即便是只有一个人发现了它。
- 回想一下群体准则是如何规定人与人之间的相处方式的。
- 鼓励那个认出驼鹿的人对其做一些更细致的描述。
- 讨论不要针对个人,关键的问题不是互相指责,而要讨论什么在阻碍进步,而不是谁在拖后腿。

● 如果问题牵涉到某个人的行为,鼓励发现问题的人解释那种行为对他有怎样的影响,而不是去考察行为后面隐藏着什么动机。例如,如果某个人没有遵守诺言完成工作,你可以这样说:"你的工作按时完成不了,我们大家就没法在最后期限之前交活了。"而不是说:"我知道你本来就不看好这个产品。"

● 如果某个人对工作缺乏领导,你可以说:"你不给我们指定什么具体的方向,我们只好花时间猜了,如果猜错了,时间也就白费了。"而不是说:"我们在这个项目上要做什么,你好像一点主意都没有。"

3. 讨论现在可以做成哪些事情,以此来结束这个过程。

● 如果一些有关改善情况的具体建议不是问题的解决方法的话,就把它们放一放。

● 如果事情太敏感,讨论又不能取得任何结果的话,可以考虑中止会议,以后的某天再开,这样就能让大家冷静下来。或者请一个协调人过来帮忙。

一个减少冲突的练习

很多情形中,个人之间以及群体之间的冲突都是由于不去潜心倾听导致的。当一方正在解释自己的观点并摆出数据来支持自己的观点时,另一方只不过是在等待时机插进去,推出己方的观点而已。事实上,别方的话只不过是过耳轻风。当这种行为不再发生,每一方都仔细地倾听对方的讲话,并努力试着去理解对方的观点时,冲突几乎总能得到改善。

造优势团队

下面是你们团队可能用得上的角色扮演练习,可以用它增进理解从而减少冲突。如果简申明一种观点,而弗里德是她最强烈的批评者,那么让他们两个互换一下角色。让弗里德来表述简的观点,而让简对此进行反驳。当然了,为了演好自己的新角色,他们需要了解一些细节——那些他们此前所忽视的细节。让二人走近,把对方的最有力的论据和支持数据内化为自己的。这个练习也许不能改变谁的思想,但是如果参与者能做到心态公正,那他们就会设身处地地看待别人,给别人更多的尊重。这种尊重会磨去冲突最坚硬的棱角,并有助于做出双方都能接受的解决方案。

小　　结

● 当团队领导与当经理是不一样的。团队领导通常不能像老板那样行事;相反,他要做倡议者、工作表率、协商者和培训师,以此来取得结果。

● 团队认同可以把大家团结到一起,它还能让人们相互支持工作。团队认同与相互依靠密不可分。

● 为了培育团队认同,在录用成员时要精挑细选。选择那些认为团队目标重要并值得为之努力的人到团队中来。然后让这些成员参与到他们认为有趣和有意义的活动中。认可单个成员的技能和贡献。为成员们创造相互见面认识的机会。

● 杜绝团体盲思。解决这个问题有两种方法:(1)授权几个受人敬重的人组成小团队,他们客观地提出一些异议想法。(2)任命一个唱反调的人,他对大多数人接受的假设和结论提出挑战。

● 很多发明创造都是创新群体的人力加上各种能力、洞见和经验相互作用的结果。

● 挖掘创新团队潜能的一种方法是集聚多样化的思维方式和技能。

● 为了充分利用创新,团队领导必须要调和分散思维和集合思维。

● 分散思维代表了与人们熟悉的既有的思维方式的决裂,允许人们用全新的方法去看待旧事物和做旧事情。集合思维把分散思维的结果转化成具体的行动方案。

打造优势团队

打造优势团队

6 像团队一样运转

造优势团队

6 像团队一样运转
——将想法付诸工作

本章提要

- 怎样检查协作和信息分享
- 怎样化解个人与团队之间的冲突
- 利用可以实现的阶段目标来确定工作进度和激励人员
- 团队学习的重要性和如何加强团队学习
- 对团队和团队成员的绩效评估

团队发起后,成员们就开始处理具体任务,此时团队做事就要像个真的团队——并具有效率。成员们会自然地形成协作和互动的模式;可是很不幸,这些模式也许并不是你希望看到或想要的那些。根据相关人员的不同,这些团队模式可能是高产的,也可能是低产、不和谐的。团队领导和成员需要监督它们,必要的时候进行干预,以确保人们一起工作具有高的产出,并使人们之间协作和互动的方式有助于他们按进度实现目标。

本章考察有关团队运转的几个关键方面和如何做才能更好发挥它们的作用。

关注团队流程

在团队发起之前或者稍后的某个时候,团队要完成哪些任务都将得到确定,这些任务将分配给合适的成员去做,让他们按进度完成。做这些先行的工作——计划、分配、确定进度——需要良好的目标分析能力。它不但要求人们具有组织技能,还要有解决问题的头脑。用一张 PERT 图表或 Gantt 图表列出各种任务,这样就使一切看起来符合逻辑,甚至更为简单。不幸的是,这些表中缺少了一项东西:团队流程。而总的来看,这些流程又是基于团队的工作中最重要的因素。它们是把工作的方方面面粘连在一起的黏合剂。

团队流程可以被定义为成员之间以及成员与领导之间的协作和信息分享。团队流程既可能是高效的,又可能是功能瘫痪的。高效的协作和信息分享可以使团队踏上成功实现目标的轨道。如果团队流程功能瘫痪,即便成员们具有高的绩效,团队最终也可能难以带来团队发起人和组织所希望看到的结果。如果你是团队领导,你就要细心关注团队流程。它们是运转良好还是运转不佳,这一点你必须要搞清楚。如果是运转不佳,你必须找出原因,进行适当的干预来解决问题。

造优势团队

协作行为

你是否观看过一场这样的篮球赛，其中有一位球员在每次拿球时都要去投篮。他的队友在自己的位置不佳或被对方球员严密防守时会把球传出去。可这个"独狼"（原文为"ball-hog"，本意为拿球时像猪一样贪婪的人；指打球太独，不愿传球，只顾自己投篮的人——译注）从不给别人传球，即便自己的队友无人防守很容易投篮命中时也得不到他的传球。这是一种不协作的行为，你必须提防在你的团队中出现这样的行为。特别要核查一下在实现目标的过程中成员们是分担工作，还是总有人想大包大揽。即便这个"要人"有很高的工作绩效，他的行为也可能会打击别人的积极参与，并由此拖慢整个工作进度。另外，要留意任何人——包括团队领导有下列行为：

- 看起来从团队的成就中获取了过多的荣誉，
- 总是想抢得更多的团队资源，或者
- 对自己掌握的信息秘而不宣，或不愿意与别人分享信息。

这些行为会破坏其他人的承诺，会毁损团队的凝聚力；团队中的任何人都有责任对此加以改变。如果你看到团队成员做着下面这些事情，就说明协作是健康的：

- 把团队的利益置于个人的利益之上
- 把自己的一部分预算、实验室的使用时间或者其他资源让给其他更能有效利用它们的伙伴
- 渴望分享成功的荣誉

- 为团队项目投入额外的工作时间
- 解决大家之间的差异,并制定出进度计划
- 不让分歧个人化

> **怎样实现健康的冲突**
>
> 精明的经理知道,有关问题的冲突是自然的,甚至是必要的。在团队中,成员们相互对别人的想法提出质疑最终能对做出的选择达成更全面的理解,并能产生更丰富的见解,做出更好的决策。问题的关键在于要让冲突具有建设性,不要让冲突演化成相互的人身攻击。
>
> 基于他们对团队中冲突、政治和决策速度相互影响的研究,凯瑟琳·艾森哈特(Kathleen Eisenhardt)、琼·卡韦(Jean Kahwajy)和 L. J. 布儒瓦第三(L. J. Bourgeois III)提炼出高绩效管理团队所用到的六种策略:
>
> 1. 他们在工作中用到更多而不是更少的信息。
> 2. 他们制定出多种可供选择的方案,使讨论变得更加丰富多彩。
> 3. 他们团结在目标的周围。
> 4. 他们努力为工作场所注入幽默气氛。
> 5. 他们会维持一种平衡的公司权力结构。
> 6. 他们解决问题时并不强求达成一致。
>
> 策略 1 和 2 让人们把注意力放在问题上而不是个人层面上。策略 3 和 4 把决策界定为协作,目的是使团队找出最好的解决方案。最后,决策 5 和 6 建立流程中的公正、平等感。如果冲突的解决缺乏公正,人们就不会把决策看成是合理的。

资料来源:使用时已获得许可,Kathleen Eisenhardt, Jean L. Kahwajy, and L. J. Bourgeois III, "How Management Teams Can Have a Good Fight," *Harvard Business Review*, July-August 1997, 77—85。

造优势团队

尤其要注意最后一项，因为个人之间的怨恨是团队最主要的破坏因素。用团队专家杰弗里·波尔泽的话来说，人际冲突分散了人们对工作的注意力，并会削弱他们对团队及团队目标的承诺。"在有些团队的会议过程中总会爆发出愤怒，充斥着公然的批评，还有情感的煎熬，"他写道，"发生了这些事情，成员可能的回应是从争论中抽身，避免与人对抗以此来保全人际关系。"[1]

如果你发现了诸如此类的人际冲突，就采取措施制止它们。尽最大的可能把心怀怨恨的各方拉到一起，以客观的态度来审视冲突，并且找出解决的方案。如果一方或者双方太不知变通，或者固执己见让解决冲突无所进展，那你就要考虑把这些人清除出团队了。

化解个人和团队之间的冲突

在某些情况下，一个成员的行为会给团队或团队中的其他成员带来难处。这种行为有多种表现形式。看看下面这些假设的例子：[2]

- 在成为团队成员之前，贾森（Jason）和欧内斯廷（Ernestine）之间发生了一些事情，从此贾森对欧内斯廷心存不快。欧内斯廷在会上做出的任何提议贾森都要反对，他以这种方式来出气。贾森不理智的反对让欧内斯廷在会上变得非常被动，现在开会时她很少再说话了。

- 约翰（John）在公司中当了多年的经理，时间要比团队的正式领导哈罗德(Harold)长得多。他在公司中的职位级别也比哈罗德高,尽管两个人并不在同一个部门工作。不知道是出于故意,还是本身就有爱管事的习惯,约翰的行为让他看起来像个老板。什么事约翰都"当仁不让",非要改变会议议程,不给别人说话的机会——团队会议被他一手把持着。会议桌头上那个领导坐的位置也被约翰给占了。还有些时候,他会颐指气使地告诉团队成员希望他们怎么处理任务。

- 辛西娅(Cynthia)想加入办公室搬迁团队,因为她想为自己的售后服务部争取更大的有效空间——现在这个部门的办公地点在一个拥挤的公寓里,而且各个房间也不相连。公司搬迁到一座新办公大楼的计划提供了一种可能——让她的部门改变现在的局促状况。很不幸,辛西娅这样做不是出于团队精神,她只不过想利用自己的成员身份来游说,为自己的部门争取更大的利益。最近她和团队中的其他成员发生了冲突,因为她跑到公司的首席执行官那里抱怨团队不能满足她的要求。

以上提到的几个人都与自己所在的团队有冲突,毫无疑问,这些冲突对工作有着负面影响。每个人的问题都要解决——而且是越快越好。

有两种不同的方法来对付引起冲突的人:通过公开的团队讨论或者通过私下的渠道。采用团队讨论的方法时,每位成员可以对其他任何成员的行为发表评论:哪些是他喜欢的,哪些为他带来了问题,每个人如何用不同的方式做事,团队要成功需要每个人做什么。成员们收集反馈意见,然后承诺改变自己的行为。这种方

造优势团队

法要耗费时间,还要相当的群体信任,还需要协调技能以使工作顺利开展。

采用私下的方法时,协调人或一位团队成员(他的职责是帮助维持团队中的人际关系)与问题行为者私下里会面。在会见中,协调人要做以下事情:

- 讲述具体的问题行为,
- 陈述那种行为所产生的影响,
- 提供一种具体的可供替代的行为,并且
- 说说如果问题行为得不到制止的话,会造成什么后果。

无论采用哪种方法,定一个时间来评估进步,对问题行为者改变自己行为的努力给予支持——这是非常有帮助的。

信息分享

在导致组织生命终结的众多因素中,一个巨大而又常见的因素是不能实现信息分享。有人知道他手上的信息对其他同事的工作会有所帮助,却不愿意让别人分享它。一个部门数据库中的信息,如果与其他部门的信息结合到一起,就有可能催生巨大的发现。然而,不管是出于粗心、信息系统相互隔离,还是仅仅因为有控制信息的欲望,总之数据得不到分享。相反,信息总是放在不同人和不同部门的口袋中,并不是总能被那些真正能用到它们的人触及到。另外,如果有些部门对团队的目标存在敌意,或者把数据看成是自己独占的财产或组织权力的来源,那么它们就会故意不向团队透露信息。

在你观察团队流程时,要注意信息分享的质量和数量。问自己以下问题:

- 团队成员都自愿贡献出所有相关的信息吗?
- 还有什么东西被保留了吗?
- 接收的信息是确凿的和及时的吗?
- 组织中的其他部门呢,它们都向团队提供了团队所需要的信息了吗?

如果你对四个问题中的任何一个回答了否,团队和团队领导就要采取点行动了。

组织中信息分享的一个顽疾,而且是影响团队项目的因素是**数据竖井**(data silo)。它指的是在组织中的不同职能机构中设立相互隔离的数据库。例如,在市场营销部门和销售部门中存在一个客户数据库,可是这个数据库却不能被生产部门和后勤部门利用。同样地,项目团队也可能无法染指这个数据库中的信息。数据竖井是信息技术时代早期留下来的遗产。如果你的公司存在这种情况,团队就要想方设法来得到自己所需要的信息,例如可以通过从掌握这些基本信息的部门中选任团队成员来实现这一点。改革公司的IT系统不是你能做和应该做的事,除非这是团队章程中规定的事项。

造优势团队

一点点地攻克任务

你是否曾被问过,如何吃掉一头大象?这个问题通常被用来激发人们的思考,思考如何计划庞大的任务。大象这么大的东西该怎么下手啊,人们可能一下子就蒙了——看起来这几乎是不可能的事。聪明的回答是,首先把大象割成一口能吃下的小块。同样道理,把一个大的项目拆分成可以操控的小份,只要有足够的时间和资源,人们总有希望解决它。

把团队目标拆分成下层的任务,然后确定进度、分配这些任务,这些事我们在前面已经探讨过。这个过程就是如何把既大又难的任务变得可以操控,这也是在基于团队的工作的早期阶段应该做的工作计划的一部分。然而,我们还没有讨论的问题是,在运转阶段,团队如何利用这些小份的工作来激励自己。

如果你是团队领导,你就可以把 PERT 图表或 Gantt 图表中各种按进度完成的任务作为阶段目标。项目中的那些"一口能吃下的小块"大多数情况下能在一个月之内完成。(参见表 6—1 中典型的 Gantt 图表。)为了让人们得到激励,就要让他们抛弃对巨大项目的忧虑,转而关注最近的阶段目标。阶段目标完成后要好好地庆祝一番,这样能让人们舒心地看到他们已经取得的成就,使他们充满工作动力地去完成下一个"一口能吃下"的任务。下面是对庆祝的一些建议:

- 在团队"战斗过的房间"里举办一次午餐会,准备一些吃的东西——当然了,是由发起人买单。
- 举行一次野餐,或在当地的公园里举行一场球赛。
- 在团队领导的家里聚会一次。

成就越大,庆祝越隆重,反之亦然。

表 6—1

项目 Gantt 图表

任务或活动	4/8-4/14	4/15-4/21	4/22-4/28	4/29-5/5	5/6-5/12	5/13-5/19	5/20-5/26
安装新服务器							
购买设备	■						
安装设备		■					
调试设备		■	■				
实际运行新设备				■	■		
反复调试				■	■		
处理旧设备						■	
评估流程							■

资料来源:Harvard ManageMentor® Project Management (Boston:Harvard Business School Publishing, 2002), 26。

注意:在你运作你的团队时,本书末附录中的两项内容可能为

造优势团队

你提供一些帮助,它们是"项目进度报告"和"解决团队问题的指导"。你可以从哈佛商务指南网站上免费下载一份项目进度报告,网址是:www.elearning.hbsp.org/businesstools。

> **按进度实现团队结果**
>
> 在保证工作进度上你遇到过困难吗?工作是不是落后于进度?如果是,以下这些事情是你能够做的:
>
> ● **要求遵守**。如果人们已经承诺按某一进度实现结果,提醒他们铭记自己的誓言,并让他们信守誓言。
>
> ● **给予奖励**。如果你手里有资源,那么就给予那些按时完成工作的人红包或其他形式的奖励。
>
> ● **征集更多的资源**。如果可行,在落后任务上投入更多的设备和人员。
>
> 某些时候,不让任务落后于进度几乎是不可能的事。出现了这种情况,考虑一下这些方法:
>
> ● **再协商**。与相关各方(发起人和拖团队后腿的成员)谈谈增加项目的预算,或者延展项目或项目某部分的时限。
>
> ● **压缩团队目标的范围**。如果团队的可交付成果的交付期限不能延展的话,和发起人协商能否减除目标的一些非关键方面。

资料来源:Harvard ManageMentor® on Project Management(Boston:Harvard Business School Publishing,2002),40。

支持团队学习

要从基于团队的工作中获取利益是需要时间的。为什么呢?

因为人们必须学会怎样一起工作——这肯定要有个时间过程,特别是团队的人员来自不同的部门时。如果你曾经参加过运动队,你就有可能知道,在最初的训练和早期的比赛中,队员们看起来是多么的笨拙和低效。每个队员的比赛节奏都不相同。他们不知道队友会怎样处理情况。一次次的失误,一次次的漏球。而当人们学会一起比赛,在赛场上共同面对对手时,以前的很多问题都迎刃而解了。队友们学会怎样一起配合比赛。

一群学者对NBA(National Basketball Association 美国全国篮球协会)球员做了研究,他们确认了团队学习的效果。他们写道:"可以从球员们学习一起打球的细枝末节上看出那些默认的、群体层面上的知识。这种知识取决于球场上的情况变化,球队中的每个球员对别的球员会怎样打球都能了如指掌。他们从一起打球的经历中学会这些。"根据这些研究者的说法,在一起打球中获得的知识让每个球员都能预测到在下一个瞬间他们的队友会做出什么决定,例如是快速突破还是防守换位。[3]

一般工作环境中的团队也是通过学习来增强人际协调能力和学会新技能的,这些能提高他们的工作效率。理查德·哈克曼写道:"时间久了,成员们对相互之间的优缺点摸得非常清楚,并极善于协调相互间的活动,他们能预料到别人下一步会做什么,并采取适当的行动来回应别人正要做出的行为。"[4] 精明的团队领导理解学习的重要性,并为适应学习和快速学习创造条件。但是,这又该怎么做呢?

经验告诉我们有些团队的学习速度要比其他团队快。这是为

造优势团队

什么呢？团队领导能做些什么来加速团队的学习吗？2001年，埃米·埃德蒙登(Amy Edmondon)、理查德·博默(Richard Bohmer)和加里·皮萨诺(Gary Pisano)三人做了一项研究，试图对后面一个问题做出回答。他们观察了16个心脏外科团队，想找出为什么有些团队在学会新的外科手术方法上要比其他团队快。每个团队的组成大体相同，都有外科医生、护士和麻醉专家；每个团队的目标也相同：实施一种新的、创口最小的开心手术。尽管如此，有些团队在学习新手术方法上还是要快得多。有些团队从每次手术的经历中学到的东西多得惊人。为什么呢？研究人员发现有三个因素在影响学习的成功：

- 团队是怎样组成的（即团队的设计）。学会：当你为团队挑选人员时，优先选择那些渴望学习并能快速学习的人。
- 他们是怎样从经验中汲取知识的。学会：定期地问团队："我们从刚过去的事情中能学到什么？"
- 团队领导在积极管理团队学习的事情上尽了多大力？[5] 学会：让人们有机会实践。

做个学习型的领导

创建一个有助于团队学习的环境不难，但这的确需要团队领导的快速行动。社会心理学家已经发现，人们总会仔细地观察他们主管的行为，以便从中获得希望自己如何行动的暗示。这些印记会在群体或项目生命周期的早期形成。为了确定好做事的基调，团队领导必须做好以下这些：

- **可以接近**。领导要表明其他人的观点是受欢迎和被重视的，他必须能让成员们接近,而不能高高在上。

- **征询信息。** 如果团队领导明确地表示希望成员多提意见,就能进一步强化信息分享。
- **做"自我解剖的表率"。** 如果团队领导敢于向团队承认自己的错误,这将会进一步促进学习环境的形成。上文提到的心脏外科团队的一个医生坦陈了自己的缺点。一个团队成员叙述道:"他会说:'我做得一团糟,在那个手术中我的判断不可靠。'"这就向团队中的其他人表明:不要害怕讨论错误和关注的事,讨论不会受到追究。

资料来源:Amy Edmondon, Richard Bohmer, and Gary Pisano, "Speeding Up Team Learning," *Harvard Business Review*, October 2001, 10。

毫无疑问,因素 3——领导的角色——对其他两个因素有着重要的影响。快速学习的团队的领导是这样的外科医生,他们积极地选择团队成员,不仅关注专业方面的素质,还要看他与人一起工作的能力,以及对级别较高的伙伴直言不讳的作风。这些领导还坚持保持团队的完整性。学习较慢的团队认为成员的角色是可以相互转换的,他们只认为医学素质重要,而看不到一起工作的经历的重要性。

研究发现的一个最低要求是,要重视那些能够而且愿意从每次经历中汲取知识的人。

评 估 绩 效

绩效评估是团队运转的一个必不可少的部分。和持续数周、

造优势团队

数月、数年的其他类型的工作一样,基于团队的工作也必须进行定期评估——看看哪些工作进展顺利,哪些落后于进度,又有哪些走偏了方向。评估可以被用来奖励成功,从评估中还可以确定需要团队领导和成员进行干预的地方。

绩效评估的具体尺度,如果有必要的话,要由团队目标来决定。它们可能是团队计划的任务或者商业目标的实现、顾客满意度、生产成本、产品质量、交付时间以及赢利能力等。事实上,传统的绩效评估通常大多是以结果或产出为导向的。尽管结果仍然十分关键,可是同样重要的是团队通过何种**方式**取得这些结果。你可以把它们叫做"流程因素"(process factor)。这些东西对于期中的绩效评估尤其重要,因为从团队如何一起工作中极有可能预测到团队最终的成败。无论对个人还是就团队整体而言,流程因素包括:

- 对团队工作的承诺
- 个人的参与程度和领导程度
- 团队内部或者代表团队的口头和书面的沟通
- 协作
- 冲突解决
- 制定计划和目标
- 做双赢的决策
- 问题解决和分析技能的应用
- 可信度和信赖程度
- 坚决遵守一致认可的流程和程序
- 应用项目管理技能(即做预算和制定进度)

- 建立并维持人际交往关系
- 愿意面对变化和冒险
- 个人和团队的学习

评估的方法

你决定了以什么为基础来评估绩效后,再想想评估的方法。衡量团队成功的方法有很多种。它们在复杂性、成本以及时间要求上迥然不同。如果任务的范围较广,并且对组织的绩效有重大影响时,可以考虑一种较为周详的方法;如果团队的任务范围较窄,简单的方法就足够了。这些方法包括:

- 以其他组织中的类似团队为参照做基准评价。这可能耗费很多成本和时间,另外,你有可能根本找不到可供比较的团队。

- 对照最初的目标和进度计划评估一下团队的进步。这可能是一条黄金标准,别忘了目标是团队工作的中心。相比之下,进度的重要性就差一点,有两个原因。第一个,由于团队自己无法控制的因素,团队可能会落后于进度。第二个,新奇的发现以及新机会的出现都会对团队项目构成影响。让人们亦步亦趋地遵守一个在项目刚开始的几周中定下来的、死板的进度计划,就会打消他们抓住在工作进程中发现的新机会的积极性。

- 团队外面的顾问对团队的观察。一种好的方法是请个中立方来帮助,团队以此获取客观的评估。此外,如果这个顾问在团队的任务领域内有经验的话,他就能够把团队的绩效与其他地方

造优势团队

类似团队的绩效进行对比（即基准评价）。

● 鼓励经常的、非正式的团队讨论来评价团队的效能。这对短期的项目团队已经足够了。

● 通过项目任务报告会找出哪些方面进展良好，哪些不是那么好，知悉这些东西对未来的项目有何帮助。利用这些机会可以很好地评估团队绩效，并能让成员们直接面对他们做得好和做得差的工作。

评估单个团队成员

团队中，成员充任几种角色——例如，个体贡献者，团队成员，较大组织中的员工。因此，进行绩效评估，至少会用到以下方法中的一部分，使之渗入对每种角色的绩效考评中，这会对工作很有帮助：

● **同事评价**。团队成员互相评价别人的贡献。

● **顾客满意度评价**。由内部或外部的顾客对团队及其个体成员的绩效进行评估。

● **自我评价**。每个团队成员评价自己的绩效。

● **团队领导的评估**。如果你是团队领导或者主管的话，评价一下每位成员的绩效。

● **管理层评估**。部门领导或者团队领导的经理评估个人和团队的绩效。

这些方法没有哪一个是十全十美的，这也是为什么只有综合运用几种方法才能给你和团队成员一个更为全面的评估的原因。

小　结

● 你一旦启动了团队工作，就要细心关注团队的流程；在其中成员们相互协作，分享信息，处理工作。流程功能瘫痪只会导致团队失败。

● 在你监督协作时，要提防这样的成员：想从基于团队的工作中获取过多的荣誉，想抢到最大的一份资源，或者对自己的信息秘而不宣。

● 鼓励团队成员分享信息，鼓励掌握重要数据的部门与团队分享相关数据。

● 如果某个成员在团队中引发了冲突，有两种解决方法：公开的团队讨论或私下的渠道。

● 为维持动力和保持激励，把任务拆分成可以操控的小份。

● 每个阶段目标完成后都要庆祝一下。

● 团队要学习如何更好地一起工作。加速团队学习的方法有：(1)选择渴望学习的成员，(2)让人们从以往经历中汲取有益的东西，并且(3)给予人们实践的机会。

● 做一个学习型的领导。让成员有机会接触到你，你要征求他们的意见，并承认自己的错误。

● 评估团队绩效时，不要一味关注结果，在团队的早期阶段更是这样。给予"流程因素"同等的重视。

打造优势团队

打造优势团队

7 虚拟团队

7 虚拟团队
——对协作的一项挑战

本章提要

- 从虚拟团队中能获得什么，为什么虚拟团队管理起来更加困难
- 虚拟团队沟通可以使用的技术
- 做技术决策
- 如何管理虚拟团队的主要挑战：团队认同，承诺和协作
- 培训虚拟团队

虚拟团队指的是这样一个团队，团队的沟通多数情况下不是通过面对面的交流实现的，而是通过电子邮件、语音邮件、群件（groupware）以及视频会议设备等实现的。在某种程度上，当今的很多团队都有虚拟性，也就是说团队中包含着在实体上与其他人相隔离的成员：公司在远方某地的雇员，联盟伙伴的雇员，一位主要供应商的代表，还可能是一个重要的客户。有些团队是完全虚拟的，这些团队的成员几乎没有碰面的机会。即便如此，虚拟团队仍然是真正的团队——而且其中的很多都非常出色地完成了自己的使命。本章从探讨虚拟团队的收益着

手,进而过渡到研究它们带给团队领导和成员的挑战。[1]

收益和挑战

不管组织是处于公共部门还是私人部门,虚拟团队都为它们提供了相当多的机会。有了虚拟团队在世界不同地方的工作,公司在一天中可以 24 小时不间断地运转。客户服务人员每时每刻都能答复顾客的要求。这种团队能够自然、方便地与顾客密切沟通。产品设计团队也可以全天候地工作。例如,虚拟团队在汉堡的德国方成员下班时把一天的工作结果发送给他们在康涅狄格州的美国同事,德国人下班的时间正好是美国人的上班时间;同样地,美国人下班时再把他们一天的工作成果发送给他们在澳大利亚悉尼工作着的同事。就像接力赛跑一样,团队的成员们传递着"接力棒",让工作不至于停顿下来。

与其他团队相比,虚拟团队更能集聚拥有多样化的技能、经验、兴趣、掌握有关顾客的知识和与供应商接触知识的一群人。看看下面这个例子:

一个产品开发团队正在开发一种面向全球市场的新型家电。负责设计的成员分别位于北美、欧洲和亚洲等地,他们也分别来自于这些地域。这种安排能够强化团队在辨认和适应不同国家顾客口味和产品使用方面的能力,同时能够顾及到不同国家的安全标准和电器标准。

造优势团队

虚拟团队所蕴涵的文化多样性增强了团队成就宏伟事业的潜能——对于一个共置于单一研发机构中的传统团队来说，这些是不可能实现的事情。

虚拟团队给团队领导和成员提出了诸多的挑战。像一个传统团队的领导一样，组织虚拟团队的人也必须要关注目标的明确，集聚一套合适的技能，争取成员的承诺等。此外，他们必须确保足够的协作、信息共享，并建立奖励制度使努力的结果与团队目标相挂钩。这些建立团队的原则基本上是相似的。那么又有哪些是不同的呢？团队管理和团队效率的独特挑战又是什么呢？

虚拟团队带来了两项独特的挑战。第一个是管理问题：你如何把你所知道的团队管理方法应用到虚拟团队上去？另一个问题是技术方面的：为了成员们的联系、沟通和协作，你需要用到哪些工具？我们首先来探讨技术问题。

虚拟团队用到的技术

虚拟团队依靠技术。你可以想象一下，在电子邮件、互联网和国际电话服务时代到来之前，跨境团队可能做出什么事情吗？而技术为人们提供了联系，这样团队的参与者就可以分享想法和信息、协调活动以及建立信任。团队领导和成员没必要成为技术专家，但他们要做好准备——去使用或学会工作所需的技术。

一些基本技术是每个虚拟团队都不可或缺的。每个人都会用到电话、电子邮件和互联网,传真机也可能被用到。除此之外,一些其他的技术能够帮助团队成员沟通和一起工作。

电子邮件

虚拟团队中的每个人都需要有一个电子邮箱。如果你经常以电子邮件附件的形式发送文件,你要检查一下与每位成员的系统兼容和文件压缩问题,然后建立一种数据传输协议以供使用。团队中的每个人都应该知道何时、为什么、向谁发送电子邮件。清楚必须向谁抄送什么内容,但不要过度地抄送。你发出邮件没有必要抄送给团队名单中所列的每个人。没谁想到收铺天盖地的无关邮件。但是,要确保决策所涉及到的每个人都被通知到,并确保每位需要参与决策的人获得征询。

如果发生了误解或冲突,那么顺着电子邮件所保存的虚拟文件记录你就可以查找到问题的根源。

加强电子邮件安全

电子邮件对工作很有帮助,又节省时间。但是要当心以下两个安全问题:

1. 阅读电子邮件的人数通常要超过发送者的预期人数。邮件接收者信手把邮件转发给其他人的时候,通常不会想到对邮件中所含内容的信息分享的后果。

2. 把你硬盘中的电子邮件删除其实并不能把它们永久删除。调查人员和商业间谍有一种软件能够还原已删除的邮件及其附件。所以要注意不要把敏感或者机密的信息放到电子邮件中。

造优势团队

网络和内联网

网络改变了虚拟团队的工作方式。一个项目网站可以取代团队室。通过已有的服务器,成员们就可以登录项目网站去查看发布的可交付成果,核查进度,获取信息。**内联网**站——公司根据标准互联网协议建立的、属于自己的私有网络——能以与其他网站同样的方式工作。

可以在项目网站上建设一个虚拟团队室。像那些有四面墙的实际团队室一样,虚拟团队室也有自己的四面"墙":

- **目的墙**。这面墙上的内容有:团队章程,目标,任务,一系列可交付成果,现在的结果。

- **人员墙**。这部分是描述每位团队成员及其各自职能的。在这里,用户能看到项目的不同方面都牵涉到哪些人。可能的话,附上每个人的照片,对他们所做的特定工作以及他们的专长做些简要的描述。有张脸配在姓名旁边,还有对这个人经历的些许描述——这就为虚拟团队工作增添了一项重要的内容。

- **文件墙**。网站的这一部分包括:即将召开的会议的时间表和会议议程。以往的会议记录和所有的会议发言也都存储在这面墙上。成员们在这面墙上发布自己的工作供同事们评估,评估的意见和评价也可以在这里发布。

- **沟通墙**。这部分包括团队中每个人的联系方式和信息。

网站是宝贵的资产,可是它们需要维护。必须有人来监管和更新网站。依据项目规模的大小,这项重要的专职工作可能是团队中某个人对团队的全部贡献。

群　件

群件是指一种能帮助人们一起工作的应用软件。更具体点说,群件是一种一体化的软件,在不同工作站上进行操作的多个用户可以通过它实现同时交流。常见的群件有以下这些:Livelink,Lotus Notes,Novell GroupWise,Oracle 等。

群件对虚拟团队非常有用,它能支持用户访问数据库,同时还能支持虚拟会议。群件还可以被用来开"现场"的会议——人们同时在线工作,同时使用电话开会。群件的用途还有:收发电子邮件,用作讨论群(discussion groups)和公告板。用户可以通过群件访问共享数据库和使用应用软件,浏览日程和进度,进入参考资料库。有些群件的软件包还附带有支持语音会议和电子白板的软件。

可是,群件并非必不可少。建设一个群网(group Web)或者内联网站可能要比花钱为每一个团队参与者购买一套群件便宜得多,因为这样团队成员只要一个浏览器就行。另外,你也用不着再去对付群件常常会遇到的兼容性问题了。

访问数据库

数据库中存储着文件和一些对团队有用的信息。通过登录网

造优势团队

站、内联网，或者使用群件你可以访问到这些信息。数据库中的文件通常含有敏感的材料。可能会允许有些虚拟团队成员更改这些文件，但是你所在的组织可能会对此权限加以限制。例如，非公司雇员的团队成员，像客户和供应商的权限就可能受到限制，他们可以浏览文件，但无权编辑。

传真机

作为沟通手段的传真机正在一步步地退出它原来的最主要的用途。它的这种功用能够轻而易举地被电子邮件取代。即便是文件、剪报、照片这些东西只要扫描成电子文件，也可以作为电子邮件的附件发送。可是由于很多人不是太容易使用到扫描仪，并且扫描要耗费时间，所以传真机还是能够派上用场的。

文本编辑软件

团队总是要写报告和提交报告的。因为在写报告的过程中有必要让几个成员相互协作，成员们就需要用一种便利的方法把更改的东西合并到电子文档中。很有可能，你们的组织正在使用的文字处理软件有一项功能——能够让成员查阅文件改动的历史记录。也许有人还不知道这项功能。知道怎么用的人就更屈指可数了。

下面讲述历史记录查阅功能是如何工作的。在屏幕上你依然能够看到被删除的文字（例如 Word 的修订功能，页边有修订的记录,我们从页边就可以看出哪些文字被删除了——译注)。新加的文字用有色字体标出(不同评阅者所做改动的颜色各不相同),页边的标记让改动清晰可见。这种功能提供了一种快捷而且精确的方法,让多个人评阅文件,并加入自己的思想。另外,如果在更改被接受之前一个文件做了保存,协作者就获得一个永久记录:哪些方面被改动了,是谁改动的。例如:

  海伦接受了为她的团队写一份进度报告的工作。莫里斯(Maurice)和琳恩(Lynn)同意对她所写报告的草稿评阅一下并提一些意见。在计算机没有被广泛使用之前,海伦就要把报告草稿写在纸上交给她的两位协作者。他们会把自己不喜欢的文字划去,然后在页边写出自己建议添加的内容。改过的草稿会通过传真或邮递的方式送到海伦手中,然后由她汇总大家的改动意见形成报告的最终稿。

  现在好了,有了文字处理软件的编辑功能,她现在能更快、更容易地做好这项工作。她把报告的草稿作为电子邮件的附件发给莫里斯,并顺便告诉他:"请看看哪些地方还需要改,然后发给琳恩,再征询一下她的意见。需要添加哪些材料你就大胆地加吧。别忘了改之前打开软件的编辑历史记录功能。"

  从两个协作者那里接到编辑过的文件后,海伦就能看出所有的改动以及添加的内容。莫里斯的用红色标出,琳恩的用蓝色标出。如果海伦发现有一处蓝色的改动她认为值得商榷,她就会给琳恩打个电话来讨论这个问题。

  当每处改动都经过评阅,并与另外的两个人探讨后,海伦就会

造优势团队

接受这些改动。这样，她写出的报告就汇总了自己的材料和其他两个人的改善建议。

> **留意兼容性问题**
>
> 　　有些人认为他们的技术是兼容的，因为他们都使用同种软件和计算机。他们怎么也想不到在文件压缩上也会出问题。在人们用电子邮件发送大的幻灯片文件或类似文件时，就经常需要压缩文件。检测一下是不是还有成员存在兼容问题。你们可能需要在每个人的电脑上安装同种文件压缩程序。

文本修订功能并不能解决多人所写的材料中常出现的问题，但是它的确能让协作流程变得容易。

会议技术

也有电子邮件不灵的时候，例如有时团队成员们必须走到一起谈论他们的工作。有时候言语交流就足够了。还有些情况是，人们必须相互见面，或见到别人工作的实体物。例如，与刚加入团队的人见一下面，看看某一产品的样品，看一下新产品可以选用的不同颜色。有时候他们可能想和顾客直接会谈，询问他怎样更有效地使用了团队的产品。

电话会议。虚拟团队进行言语交流最快、最简易的方式是电话会议。在评估可交付成果、商讨战略和进行头脑风暴（brainstorm）时，经常需要召开电话会议。用来开电话会议的技术有多种，例如利用电话系统中内置的会议功能，求助于通讯服务提供商等。

视频会议。视频会议是团队联络的另一种渠道。它能够让团队成员在一起开会,同时省去了饭费、路费和住宿费等杂费。例如,伦敦的团队成员在办公室中足不出户就能通过视频会议看到他们罗马的同事,并可以与他们互动。但视频会议是比较复杂的,需要专业技术人员的帮助。最基本的视频,要求每位会议参加者都有合适的计算机、摄像头、耳机、软件和互联网连接。不幸的是,从不同的供应商那里买来的系统软件并不总能与不同的计算机兼容。因此,如果你们的团队要开视频会议的话,要首先确保系统都是兼容的。

视频胜过音频

在《距离很重要》(*Distance Matters*)这篇重要的论文中,加里·奥尔森(Gary Olson)和朱迪丝·奥尔森(Judith Olson)两位作者总结道:使用联络技术的尝试要么以失败告终,要么要求成员们在适应使用媒体技术上做出巨大的努力。除这个总的结论之外,他们还强调指出视频联络要远胜于仅用音频联络:

我们的实验数据显示,人们交谈和共同修改实时的工作时,如果他们之间只有音频联络,那么他们的工作质量远不及让他们见面时完成的工作质量——即便是对那些相互认识并曾经一起工作过的人也是一样。而通过视频联络,人们完成的工作成果就几乎和让他们见面时所完成的一样。这是因为,他们工作的流程变了,他们对事情有了更清楚的认识,另外还介入了更多的管理(即讨论更多的是将来如何处理工作,而不是正在做的工作)。

资料来源:Gary M. Olson and Judith S. Olson,"Distance Matters," *Human Computer Interactions*,15(2002):152。

白板。使用电子白板可以让团队成员在自己的电脑屏幕上看

造优势团队

到图形或图表。例如,得克萨斯州休斯敦市的经理把新产品的图形画在电子白板上,团队中的其他人就能在自己电脑的屏幕上看到这个图形。如果他们之间以电话会议的方式联络,成员们就可以对看到的草图进行讨论,提出修改的建议——这些事情都是同时进行的。如果你说明某一问题时必须用什么东西来做标记,看看能否选用一种支持白板的开会方式。

做技术决策

根据常识我们知道,集聚团队中大家的知识,再通过组织中信息部门技术专家的协助,就能帮你找到一种最适合你目的的技术。以下五个问题也能够帮助你做技术决策:

● **谁?** 团队里都有谁?他们都对使用技术做好准备了吗?知道了团队中都有哪些人,他们的技术水平如何,这就能够让你更加现实:有了技术你可以期望他们做些什么?他们需要多长时间才能上手?如果你们团队中的成员都是新手,对花费时间让自己成为技术高手不是太热心,那就选择那些既简单又人人熟悉的技术。

● **什么?** 你们需要做什么?团队工作的性质是什么?你们现在用的是什么软件?牵涉到什么样的兼容性问题?组织中最常用的技术平台是什么?你们的沟通需要什么?在项目启动之前回答好这些问题将能帮你做好新技术或技术升级的计划。

● **什么时候?** 按照进度计划,你们的团队项目什么时候开始,什么时候结束?购买以及安装新技术是需要花费时间的,而且在训练人员使用这些技术上还要花费更多的时间。

> **在联络技术上的一点告诫**
>
> 　　本章中所提到的联络技术,很可能就是你们团队分散在各地的成员在沟通、协调以及分享意见和信息方面需要用到的。如果你的团队在发展中国家也有成员时,那么问题就来了。有些发展中国家并不具备可靠、安全的互联网服务。还有些国家连可靠的电话服务也没有。更有一些国家的供电也极不稳定,一会儿有电,一会儿没电的。所以在你急着采用最新的联络技术之前,考虑一下你们团队中成员所在国家的基础设施。
>
> ● **哪里?** 你会在哪里发送和接收信息?其他人会从哪里发来信息?在哪里能接收到这些信息?哪里有你需要的信息?追踪想要信息的传送路线——从哪里来又到哪里去?回答好这些问题,有助于你做好准备设计出适合你的信息系统。
>
> ● **怎样?** 你怎样最好地利用你已有的技术?你需要有怎样的适应性?你能支出多少钱(英语中问花的钱数是多少时用 how much,而其中的 how 是"怎样"的意思——译注)?分析一下利用你已有技术的可能性。看看可对已有技术做些什么改进使之适合你的需要,这可能是最省钱的做法,同时成员们也更容易掌握它们。想想在项目的进程中还有可能用到哪些技术。确定好你需要有多大程度的适应性,努力使今天建立的技术解决方案能适应明天的需要。

管理虚拟团队

　　虚拟团队的第二项主要挑战是管理。一个由研究人员组成的

造优势团队

团队已经指出:"当地的实体环境、时区、文化和语言方面的差异是根深蒂固的。"[2] 即便有联络技术可用,团队管理关注的基本问题——团队认同、承诺和协作——只能变得更加突出。我们已经在本书以前的章节中谈论过这些问题。不过,我们最好还是回顾一下,看看在虚拟团队的环境中这些问题又会是什么样。

团队认同

认同团队或者群体的个人总会表现出一些行为,而这些行为构成了团队成功的基石;他们工作更努力,协作更全面,并且在很多时候都把团队利益置于个人利益之上。对群体的认同通常与信赖相伴而来,反过来信赖也促进信息分享与协作。

在虚拟团队中不会自然产生团队认同,原因很明显。如果眼睛见不到团队和团队成员,心里也想不到。最糟的情况是,虚拟团队的组成人员相互都很陌生,他们之间几乎没有社会交往。不难想象,要和一群你很少见到的人产生认同感是非常困难的。可是,还是有你能够做的事:

- **开发起会**。如果有可能,把每个人都叫来参加会议——即便这是在团队项目进程中他们唯一的一次见面机会。他们在一起时,要创造机会让他们亲自见面认识。这是为了创建小群体的凝聚力。如果群体不是很大,你可以把每个成员介绍一遍,并可以让他们作些自我介绍:工作背景,专门技能,爱好,个人兴趣等等。

在为期一两天的发起会中,把人们分成一些子群体,每个子群体负责讨论团队任务的一个特定方面。轮换不同子群体中的人员,这样每个人都有与其他人见面和工作的机会。发起会结束的时候照一个集体照,然后把照片洗出来寄给每个人。

● **在工作进程中鼓励举行一些定期见面会**。如果团队成员在地域分布上不是太散,并且预算允许的话,在一些关键时候把人们请到一起(例如,在这样一些时候:需要重申承诺,有几个新人加入团队,必须做出重要决策,计划和分配项目下一阶段的工作任务等)。如果亲自出席不可行,就采用视频会议。这样能使发起会上萌生出的群体纽带得以强化。如果你不能把整个团队的人马都召集过来,那就把重点子群体的人召集起来。

● **找到人们可以在一起的时间**。这对于跨洲和跨时区的团队尤其困难,因此务必为电话会议或网上交谈安排好常规的进行时间,并安排好流程让大家讨论他们所关注的项目问题。这能有助于成员们在分享想法时心情舒畅,还能鼓励人们以团队的方式,而不是以个人单打独斗的方式工作。

一项提醒:如果公司的总部在美国,不要在美国的正常上班时间安排一些事情,这样就会让亚洲或者澳大利亚的团队成员不得不半夜里爬起来接电话。这样只会让你们地球另一边的同事感到心烦,甚至会让他们觉得自己是二等成员。这样的不便不应该仅由一方承担。

● **围绕目标建立团队认同**。雨点是包着大气中的微尘形成的,同样道理,团队也需要围绕着一些实体的东西来形成认同。团队目标就是这种实体的东西。

造优势团队

承诺

　　承诺团队和团队的目标是成功的必备因素。成员缺乏承诺，他们就会把精力和时间分流到其他目标上；他们只会在不落后于进度的限度内参与团队工作。人们只会对那些他们认为非常重要的事情承诺——即特别重要的项目或者对他们职业发展有重要影响的项目。

　　要想在虚拟团队中获取承诺，最实用的方法是精心考量邀请哪些人加入团队。除受团队必需技能的制约外，领导挑选的人应该对团队目标怀有强烈、自然的兴趣。就像下面这个例子中描述的：

　　公司成立了一个制定产品包装环保标准的虚拟团队，弗兰克（Frank）被任命为领导。他的老板是这样跟他说的："时代在变，弗兰克。人们开始抵制过度包装，包括抵制我们产品的过度包装。他们不希望为硬纸板和塑料的包装材料掏钱，因为这些东西最终要进垃圾填埋场。"

　　弗兰克开始思索要选哪些人，他想到了阿格尼丝（Agnes），她曾为市场营销部做焦点群体研究。哪些人在买公司的产品她一清二楚。最难得的是，阿格尼丝对环境问题特别感兴趣。事实上，她曾鼓动过新产品团队淘汰那些对环境有害的产品材料。"其他一些生产商正在这样做，"她对他们说，"他们不但省了钱，结果还给他们的顾客留下了好的印象。"她这样的人，不用说就能对团队目标怀有强烈、自然的承诺。

你可以学习这个例子的做法，但是你要记住邀请的人不仅要对团队目标怀有强烈的个人兴趣，还要能为团队带来除此之外的东西。他们还要具有团队工作所需要的重要技能。

协作

归结到一句话，团队就是把有互补能力的人聚集起来**一起工作**，一起完成重要的任务。正是这些互补技能的联合赐予团队那些传统的工作群体所没有的力量。可是虚拟团队成员之间可能存在协作吗？如果存在，那么协作的基础是什么，又如何鼓励这种协作？

可以确定地说，协作是可能的。为了获取更全面的协作，给你如下提示：

- 为协作创造机会。通过本章提到过的沟通工具可以实现这一点。沟通能够润滑协作之轮。
- 当你发现协作行为时，认可并给予表扬。两位团队成员在向管理层汇报团队的工作上取得了进步，对此你要好好表彰一番。通过电子邮件宣布新奥尔良的哈尔和迈阿密的珍妮弗在市场调查上做出的成绩。

找一找文化差异

如果你正在为一个遍及全球的虚拟团队工作，特别是和新成员

造优势团队

一起工作时,你要找一找文化差异。这些团队成员对工作条件、时间、权力和授权以及交流的方式(特别是什么被认为是礼貌的,什么不是)都有什么样的感觉,对其他的由文化决定的活动是什么感觉?例如,在有些国家,如果领导不与下属维持一种非常正式的关系,他就不能取得别人对他的尊重。而在另外一些国家,正式并不被人们看重。领导陷于这些迥然相异的态度和习惯中,他们必须发现其中的差异,然后谨慎行事。如果不懂文化差异,即便表扬一个工作干得漂亮的人也可能让领导引祸上身。在北美地区,当着众人的面点名表扬一个人是很正常的;如果成员生活的文化环境更强调群体工作,这事发生在他们身上,他们就会感到尴尬和不舒服。

搞清具体细节

沟通通常是跨文化团队遇到的最大障碍。并不是每位成员都掌握大家约定使用的那种交流语言。误解就会由此产生。

金·里宾克(Kim Ribbink)在《哈佛管理通讯》(*Harvard Management Communications Letter*)上发表了一篇文章,文中提到一位美国公司的经理与以英语为第二语言的技术工人之间是怎样减少沟通理解错误的。这位经理实施了一项制度:他把项目的具体细节问题发给工人们,然后要求他们把细节"反述"一遍。也就是说,接收者写出自己是怎样理解这些具体细节的。然后他们与经理就此理解进行讨论,这样便消除了冲突和误解。通过这种方法,每个人都清楚各种要求,以及要的结果应该是什么。

资料来源:Kim Ribbink, "Seven Ways to Better Communicate in Today's Diverse Workplace," *Harvard Management Communication Letter*, November 2002.

正常的工作时间是另一个重要的问题。就像早先提到过的，注意你的电话会议可能会迫使另一个时区的团队成员工作到深夜或在黎明还没到来时就爬起来。这些要求在那些文化中能被人接受吗？如果在一个较长的时期内都要团队成员遵守那种时间安排，他们能接受得了吗？他们接受何种程度的周末、假期和日常加班？这些问题需要仔细地考虑，并与所有的成员一起讨论。

跨文化团队还必须在语言和计量单位上达成一致。讨论或写报告用哪种或者哪几种语言？预算的计量标准是什么，美元、欧元还是其他货币？团队的具体规格标准是用英美制的英寸、磅、盎司来规定，还是采用更为广泛接受的公制标准？

培训你眼睛看不到的团队

在传统的团队中，培训可以提高绩效。需要培训的情况有很多种：一个成员不知道如何与别人一起工作；另一位成员做幻灯片演示，可他从未使用过制作幻灯片的程序；还有一个在平衡自己的常规部门任务和团队任务上出现了困难。出现了这些情况，团队领导就要做一些培训，或者请另一个在培训方面有资质的人来做。

虚拟团队中存在相似的培训情形，而且做起来更加困难。由于成员们分布在不同的地区和不同的时区，有效培训所必需的沟通是比较缺乏的。团队领导不能直接走到另一个人的办公室里，向他展示如何使用演示软件，或者告诉他如何起草一份预算报告。

造优势团队

稍稍分析一下人们的进度安排，再加上些许的计划，你就能够克服一些距离问题。例如，虚拟团队的领导可以安排每周一次或每天一次的电话会议，以此保持沟通之门的敞开。还可以安排一些交叉的办公时间，在这些时间内人们有空做团队工作和接听电话——同时这些时间安排也不会与成员的非团队义务相冲突。为此，要做好以下这些事情：

- 让人们知道什么时间给别人打电话合适。
- 让成员确定一些每天都有的常规时间，在这些时间内大家可以做共同的团队工作和进行相互沟通。（要在不同时区和睡眠习惯上达成妥协。）
- 制定一项规则，让大家遵守共同约定的沟通时间。

每种有关绩效的问题都有一个根源，找出这个根源是培训师要做的。例如，如果有个成员没能在最后期限交付工作或者落在了进度之后，你要找这个人谈谈，看看是什么原因。如果出现了分心的事情，就把它们找出来。问问你能帮上什么忙。如果这个人实在招架不了分配给他的那么多任务，那就把大任务化小，分给其他有余力的成员做。

让虚拟团队工作开好头的几点提示

我们已经谈论过发起会的重要性。还有几件其他事情要做，它们能够帮助你的虚拟团队踏上成功之路。

- 一开始就给人们描绘一个清晰的愿景和一个可以下手的目标。缺少了这些，虚拟团队很快就会偏离正轨。和所有的团队一样，虚拟团队也必须在工作进程中检查自己的目标并可以对其做一些修正。不仅如此，虚拟团队还要在一开始花费相当多的时间，勾画出愿景和目标。

● **职责明确。** 每个成员都应该知道团队要求自己做什么。如果一开始职责没有界定清楚，虚拟团队就丧失了成功的可能。处于同一办公场所的团队从饮水会议(water-cooler conference，water-cooler 就是饮水机，员工们常常借喝水之机围在那里作些随便的交谈——译注)、办公室里的闲谈、临时午餐会以及大家站着只开几分钟的会议等交流机会上受益颇多。但因为不可能做到这些，虚拟团队几乎没有多少机会问"谁在做什么？"这个问题。

● **做好组织。** 在项目的进程中，团队领导或者项目经理应该制定一项工作计划，并使多种远距离的人际关系得到维系。尽管每个领导都要求完成这些任务，但是做好组织工作对于虚拟团队的领导尤为重要，因为漏掉事情的可能性太大了。

● **弄清主要问题。** 界定下述问题的流程中，需要有每个团队成员的参与：

我们什么时候要做什么事情？

谁来负责？

我们如何做这件事？

我们如何才能知道工作做完了？

我们(以及其他人)怎样监督进度和绩效？

我们(以及其他人)怎样衡量结果？

小　　结

● 虚拟团队具有一天 24 小时不间断工作的潜能，它还能利用多样化的技能，集聚多种解决问题和处理项目的视角。

造优势团队

- 和传统的团队一样，虚拟团队也必须明确目标，聚集一套合适的技能，获取成员的承诺，发展一种与互相信赖相联系的团队认同，并以适当的奖励支持团队工作。

- 虚拟团队提出了两项独特的挑战：管理分布在各地的成员的协作和工作进度；让成员之间保持联系，相互沟通。

- 通讯技术可以帮助虚拟团队内部保持联络。这些技术包括：电子邮件、传真、电话会议、视频会议、网络和群件。

- 网站是一个理想的虚拟空间，在这个空间中可以创建虚拟团队室，建立资料库，发布会议日程。

- 团队认同对于每个团队都很重要，它对虚拟团队更具有挑战性。召开发起会、定期的见面会，建立常规的沟通方式，把人们的注意力集中在团队目标上——这些可以帮助团队领导建立团队认同。

- 团队领导和成员必须对成员间的文化差异特别敏感。

- 和传统的团队一样，培训可以提高虚拟团队的绩效。

打造优势团队

8 做个具有团队精神的人

造优势团队

8 做个具有团队精神的人
——派给你的最重要的任务

本章提要

- 乐意接受新想法为什么能在团队中产生协力优势
- 有团队精神的人如何看待不同的工作方式
- 寻求各种解决问题的选择方案
- 与来自不同职能部门的人发展工作关系的几点提示
- 找出双赢的解决方案
- 你为什么要避开那些目标不被你看重的团队
- 成为可靠的团队伙伴的一些指导
- 以结果为导向的重要性

团队的绩效一般只是等于所有团队成员的集体绩效。团队的绩效至少也应该是所有成员和团队领导的工作成果加起来的总和。一个四人团队看来就会有这样的等式：1＋1＋1＋1＝4。可是很不幸的是，有些团队却经历着"流程损失"（process loss）——团队总的绩效小于所有个体贡献相加的总和。这样的团队不仅浪费资源，而且效率低下。

做个具有团队精神的人

当个体的行为方式具有团队精神,而不是以孤立的行为者出现时,那么,他们的集体产出就会提高,形成下面的等式:1+1+1+1=5。尽管这个等式没有任何的数学意义,但是通过集聚那些具有互补技能的人,让他们一起工作,由此产生的协力优势把这个等式变成了可能。一个拥有很棒的新产品的公司与另一个拥有强势分销系统的公司的携手,也同样会形成协力优势。如果两家公司相互孤立,每家公司的绩效只能达到平均水平。而使二者联合就成就了伟大的事情。

你们的团队同样也可以获得这种协力促进绩效增加的好处,但是只有在成员们具有团队精神时才能实现这一点。什么叫有团队精神?有团队精神的人是信守承诺的人,能协作的人,有能力的人。我们在以前的章节中已经讨论过这些特征。本章为你提供一些有助于使你成为一个有团队精神的人的具体明确的建议。

乐意接受新想法

团队是一个微型的社会,各种来源不同的思维方式和各种行为规则在其中相互碰撞。例如,一家银行的新产品和新服务团队中的市场营销人员,根据他的经验和习惯,他所关注的东西多是外部的。每次有新产品或者服务被提议时,他会自动地想到银行现有的顾客对之会如何反应。"我们期待的那些新顾客会如何看?"他问道,"从产品的价格和特征看,顾客觉得它值得购买吗?它如

造优势团队

何能够应对竞争对手提供的服务?"他的脑中只有外面的世界:顾客,市场,竞争对手等等。对于一个有营销背景的人来说,有这种思维是自然的。

另一方面,在讨论到新的服务时,团队中的财务专家会立即关注起成本、收益以及赢利等问题。他问道:"我们提供的每一单位服务的固定成本和可变成本各是多少?营销部对第一年的收益预计是保守的还是乐观的?盈亏平衡点又是什么?"

而对于运营人员来说,她关注的主要是通过何种工作流程来推出新服务。"提供这种服务的最经济的方法是什么?"她开始思考相关的问题,"我们配备所需人员,培训他们需要多长时间?在哪些方面我们可以加快流程进度,利用软件来节省人力?"

以上例子中提到的三个人都在银行服务团队中工作。每个人的知识、经验以及对问题的关注点都不相同。每个人把关注的重心放到问题的一个方面上。他们很有可能把各人的视角简单地拼凑在一起,由此产生一种有吸引力并能赢利的新的银行服务业务。这有可能发生。但是想一想,如果他们能把每人的视角有机地整合到一起,那么他们取得成功的可能性就大大增加了。例如,如果运营人员对顾客的偏好以及财务专家所关注的事项知道得多一点,她就可能产生以下洞见:

如果大多数顾客已经知悉了这项金融服务,并且他们更愿意在非正常营业时间购买的话,我们就应该在我们银行的网站上提供这项服务的大部分,让顾客自助购买。这将能把我们的成本从主要是可变成本转化成固定成本——即开发软件的成本。结果肯定会让我们的盈亏平衡点升高,而一旦越过了这一点,大部分的收益就会直接转化成利润。

上例向我们展示的不同的视角和不同想法的融合能给予团队真正的力量。乐意接受新想法和不同的思维方式,你就能够为那种力量做出自己的一份贡献。试着做下面这些:

● 真正努力去理解和尊重团队中展现出来的不同观点。在其中的一种观点中可能埋藏着一座"金矿"。

● 不要急于否定某种新想法。相反,持一种科学质疑的立场。让人们以数据和合理的论据来支持他们的想法。例如,不要说"那不管用",而说"这个主意很有趣,弗里德,但是鉴于它可能会耗费的成本,我不是很明白我们怎样来实施你的这种想法。你能不能解释得更详细一点,告诉大家你预计的成本是多少?"

照这些提示去做,你将能成为一个更具有团队精神的人。

乐意接受不同的工作方式

我们中的很多人都在自己所属的部门中做了几乎自己全部的工作。过了一段时间,工作就变成循规蹈矩的事了。经理和顾问们可能已经在制定这些机械的程序上花费了大量的时间,并希望能得到我们的遵守。自我管理工作型团队同样也会制定出一些死板的程序并坚守它们,并不断地在这方面或者那方面作些改进。

而当你投入一个跨职能的项目团队中后,你以前那种毫无变

造优势团队

通的工作方式消失了。猛然间,你发现有些工作你要从头做起,并且你会做一些你基本上不曾做过的事:计划一个四个月的项目,与别人一起做预算,被分配去做你不熟悉的新工作,还要与那些与你的技能和经验完全不同的人紧密配合做工作。如果你是个经理,你会发现你的声音只不过是众多声音中的一个;你手里原有的权力要与他人一起分享。有些人认为这些变化让人精神振奋,但很多人不以为然。对于他们来说,偏离常规程序和既有的工作方式只能让人产生紧张、焦躁、不安甚至是恐惧。

要做一个好的有团队精神的人,你就要去尽力适应这些变化和不同的工作方式,感到舒服。所以要放松点,它们不会要了你的命。尽力去做好以下这些:

● 以积极的态度来看待新的工作方式。寻找那些在你回到常规工作岗位上能提升你工作绩效的事情来学习。想想看,如果你掌握了那些新的工作方法,就能使你本人的含金量增加,就业前景更好。

● 以开放的心态看待处理团队任务的不同方法,对那些好的工作方式边看边学。

● 找出协作的机会,这样做能产生最大的协力优势。

分享你所拥有的

有个古老的谚语是这样说的:你给别人的越多,你可以期望得到的就越多。因此,你加入一个团队后,做好与人分享你所有的和所知道的东西的准备——包括信息、经验和专有技术。不要忘记,你是因为自己的技能和专长才被选到团队中来的。人们很自然地就你的特长来求助于你,正像你也会就别人的长处求助于别人一样。就以下这些方面做好准备:

● 教。例如,你对团队打算使用的群件比较熟悉,就教一下那些从来没有用过的团队伙伴怎么使用它。

● 提供相关信息。如果你是团队中的市场营销人员,向其他人透露一下你的部门所掌握的有关顾客和竞争对手的信息。

寻求选择方案

在早期阶段做团队工作肯定少不了东一榔头,西一棒槌的情况。团队要实现章程规定的结果,但是具体该怎么做必须通过讨论来确定。在讨论的过程中,各种任务设置和行动方案会被提出来供团队选择,大家会就之进行争论。对这些争论,大多数人的态度是他们必须支持其中的一种选择方案,要么这种,要么那种。千万别犯这种错误,相反,利用最初的这段时间来扩充可行选择方案的数量。看看下面这个例子:

安德列娅(Andrea)被选到一个管理团队中,这个团队的目标是选择最佳的方法来处理位于公司总部大楼旁边的一块空地,这块空地属于公司所有。管理高层提出了这个问题,并给出了两种

选择方案:(a)卖掉这块地,(b)把现在的总部大楼扩建到空地上。管理层希望团队通过调查给出一种对公司最佳的选择方案。

团队的章程,像安德列娅理解的那样,并不限于从 a、b 两种方案中选择一种,而是通过调查找出一种对公司最有利的处理方法。于是她开始着手扩充选择方案的数量:在空地上盖楼,把空间给租出去等等。每种选择方案都会得到分析,最后从中找出对公司来说代表最大价值的方案。

在扩充选择方案时,安德列娅做的事是一个有团队精神的人应该做的。但是仅仅承认有各种可能的方案只不过完成了"战役"的一半,而另一半就是客观地对每种选择进行分析。在某些情况下,汲取各种不同选择方案的特征能够杂交出一种特别优秀的新方案。

与来自不同职能部门的人发展好工作关系

接受过不同专业训练的人并不是总能很好地一起工作——最起码一开始是这样。哈佛商学院教授莫滕·汉森(Morten Hansen)指出,阻碍人们一起高效工作的是一种"化学反应问题",即使他们知道协作十分重要。他认为,人们相互间的不了解和没有协作工作过的经历是这种问题产生的根源。他引述了有关一家高科技公司新产品开发项目产品快速上市(time to market,即围绕重要战略客户建立研发设计、工程测试、快速样品制作的全力配合机构，以便与客户同步开发新产品，使产品尽快批量上市——译注）绩效的研究，发现"如果项目工程师与来自其他部门的工程师之间没有建立起一种人际关系的话，他们就要多花费20%到30%的时间来完成项目。如果他们没有事先学会如何一起工作，他们就会在讲述、理解和吸收在各部门之间传递的复杂技术问题上遭遇重重困难。"[1]幸运的是，在汉森教授引述的这项研究中，医治这些顽疾的良药还是有的：

● 请来一个培训师或者协调人。由他们专门来做发展群体中协作行为的工作。

● 去认识一下每位你会与之打交道的团队成员。你不但要在专业层面上知道这些人，还要在个人层面上与他们认识。没要求你去喜欢他们或成为他们的朋友；但要你理解他们是怎么想的，什么能激励他们并让他们最出色地完成工作。一旦你们熟悉了，你们之间的沟通就会变得更加容易和有效。

● 如果可能，先从最容易做的任务着手，以便使首次的协作顺畅。仅在任务上与他人一起工作，可以使你们之间的化学反应积极发展。一旦化学反应完成，你们就可以转到一些更具挑战性的任务上。

寻找双赢的解决方案

做个有团队精神的人并不意味着你一定要在关乎自己的事情

造优势团队

上一再退让，让别人随心所欲。只要一点点创新和好的谈判技能，你就能把这种"我输你赢"的结局转化成各方都满意的结果。

如果你年届50，你可能还记得这种主张：你可以获得高质量和低成本中的一个，但不可能同时占到这两个好处。这种理论最终证明是不能成立的。20世纪70年代出现的质量运动向市场证明，高质量和低成本并不是互斥的。两种价值可以同时获得。在团队的环境中不难发现类似的情形，利益的分歧总是难以避免。没有团队精神的人把争论看成输赢游戏，并尽量让自己居于胜者的一方。他们是赢了，可是这会对他们的团队伙伴不利，萌生怨恨，破坏未来的协作。真正有团队精神的人会更加谨慎地处理团队冲突。他们考虑到各方的利益，然后尽量去寻求一种让各方都能从中获取价值的解决方式。

寻找互利的机会就要求信息共享。我输你赢的心态会让人们对自己的东西守口如瓶，不同的是，各方互赢的心态鼓励人们敞开心扉说话——也就是，

- 为他们所处的情况提供重要的信息，
- 讲述他们真正的利益，并且
- 对于各种选择，要透露并解释自己的偏好是哪些

要取得这些突破需要各方的信任。如果缺乏信任，各方会担心任何透露的信息会被用作攻击自己的武器。信任不是从来就有的，但它会随着相互了解的加深和享受一起工作的成功而慢慢增强。

在你与别人协商时，不要觉得你必须在对你重要的事情上妥

协。妥协很容易,同时它还能缓解意见不同所形成的僵局。但是,在重要的事情——质量、顾客需求、设计等——上妥协,就会导致最终的结果不是最优的,只能是次优的。当意见不合的情况发生时,与其妥协到一种中间立场上,还不如做些"交易",既满足了对方的利益又不会在自己认为重要的事情上退让。

只参加那些你看重其目标的团队

本书以前的章节中曾提到,承诺被看成是团队成功的基本因素之一。包括你在内的每位成员必须对同一个目标做出承诺。如果你认为团队目标没有多大价值,你心中就不太可能涌出真正的承诺。如果对团队目标没有真正的承诺,你就总能找到借口把你的时间花在其他任务上。这样你就谈不上有什么团队精神。相反,如果你的个人价值与团队的价值相一致,你就能竭尽全力帮助团队迈向目标。正如约翰·马克斯韦尔(John Maxwell)写到的:"每次你都基于自己的人生价值观做出选择,那你就更能保持你的承诺,因为你无需一次又一次地评估选择的重要性……对你信任的事情做出的承诺是容易坚守的承诺。"[2] 如果你正在考虑加入某个团队或者别人尽力鼓动你承担团队的任务时,你脑中要想到以下几点:

● 考虑一下你的承诺程度。如果你没能对团队的目标做出完全的承诺,说明你还不能算一个真正有团队精神的人。

打造优势团队

- 在加入团队之前检视一下你的热心程度。如果你缺乏热情，你就不会为团队竭尽全力。

做一个可靠的团队伙伴

人们喜欢和可靠的团队伙伴一起工作。可靠的人能博得别人的信任——他们承担一份工作，并保证质量，按时完成。他们说到做到。当工作出现困难时，你可以指望从他们那里获取帮助。为了成为一个可靠的伙伴，你要接受以下指导：

- 只做你能信守的承诺。
- 不要对那些你不可能完成的任务承诺。
- 开会前做好准备，按时到场；按进度完成工作。
- 只交付做得好的工作。
- 言出必行。
- 在别人请求你给予评价时你要坦诚、客观。

以结果为导向

很多团队都会把过多的精力放在培训、计划和准备上，而很少放在产生结果上，这是不对的。培训、计划以及准备这些早期的活动是重要的——甚至是必要的。但是不应该让它们从团队的真实

做个具有团队精神的人

目的——产生结果上分散人们的注意力。从罗伯特·谢弗（Robert Schaffer）和哈维·汤姆森（Harvey Thomson）的研究来看，培训、计划和准备"好听，好看，还能让经理们感觉舒服"，但是除这些之外，他们对团队基本的绩效就不再有任何贡献。[3]研究者们举到了一个大企业的例子，三年过后，这个曾经被指定要改善48项问题、完成两项质量提升计划、士气高涨的团队——结果是完全没有实现任何可以考评的绩效提升。

有些团队成员非常喜欢开会，发表如何行事的见解，制定计划，可是他们从未做过任何一件能产生实质结果的事情。不要做这种类型的人。不错，会议和计划是必需的，但是不要总是围着它们转。相反要多关注一下如何产生结果。如果你能做好以下这些，你就能更容易地做好上述工作：

- 定些短期的目标，然后一个一个地实现它们。
- 以一些行动任务来结束每次会议，然后完成这些任务。
- 如果团队中有只说不干的人，设法让他们感觉不舒服。如果他们中有人建议到："应该找个人在我们现有的顾客和可能的顾客那里试试这个想法怎么样。"你就可以接着他的话说："主意不错，你去试试看，你多长时间能给我们测验的结果？"幸运的话，他们将会离开团队。

你是个非常具有团队精神的人吗？你可靠而又有效率吗？本章指出一些你可以做的事情，并做了解释。做好它们你就能变成一个受人尊敬的团队伙伴，人人都愿意与你一起工作。本书涵盖了所有与高效团队和团队管理相关的基本问题。但是最后指出一

造优势团队

点，做一个非常具有团队精神的人可能才是最重要的。

小　　结

● 如果想成为一个具有团队精神的人，你就要乐意接受新想法和不同的工作方式。以积极的态度看待它们。

● 分享你的信息、经验和专有技术。

● 不要满足于摆在你们团队面前的各种模糊的选择方案和行动计划，相反，寻找一些可行的选择方案。可能的话，汲取各种不同选择方案的特征，整合成特别优秀的新方案。

● 当你和新团队伙伴一起工作时，先从最容易的工作着手。通过仅与别人在某些任务上一起工作使积极的化学反应得以发展。

● 基于团队的工作牵涉到协商。避免输赢的结局，寻求那些各方都能获得价值的结果。相互信任，愿意分享信息，以及透露自己的利益所在是形成各方互赢协商的基础。

● 如果你认为团队目标没有特别的价值，你心中便不会涌起真正的承诺。

● 如果你想做一个具有团队精神的人，首先要做个可靠的伙伴。只做你能信守的承诺。快速按进度交付做得好的工作。

● 流程、计划和准备都很重要，但是它们要从属于团队要实现的真正结果。

打造优势团队

附录 A 有用的实施工具

附录 A 有用的实施工具

本附录提供几个工具，它们在你组建团队、管理团队进度和解决典型问题时能对你有所帮助，让你的工作更有效率。所有图表均来自哈佛商学院出版社的一种在线产品——哈佛管理导师（Harvard ManageMentor®）。哈佛商务指南系列网站提供了这些及另外一些核查表、工作表和工具的下载版本，方便读者下载。网址是：www.elearning.hbsp.org/businesstools。本附录中的四种工具是：

1. **界定你的项目**（图 A—1）。这个图表能够帮助你发现你所做项目的核心问题和参数。

2. **组建团队的工作表**（图 A—2）。这个图表考虑到你们团队的方方面面，其中包括成员、技能和资源。填完了这个表你就能对这些问题做到心中有数。

3. **评估群体是否是团队的核查表**（图 A—3）。使用这个图表，你就可以评定一起工作的群体是不是一个真正的团队。阅读图表中的问题，然后核查一下你的答案。

4. **项目进度报告**（图 A—4）。利用这个图表你就能把项目的进度报告给发起人和包括成员在内的其他利益相关者。

附录A 有用的实施工具

图 A—1

界定你的项目	
项目的"真面目"	
是出于什么需要或者目的促使我们去做那些事情?	
是什么原因使人们看出这是一个需要解决的问题?	
人们将使用什么标准来评价项目的成功?	
利益相关者	
谁对问题解决方案或团队的结果有着利益关系?	
不同利益相关者对项目所持的目标有何不同?	
项目的活动和结果可能影响到哪些职能部门和哪些人?	
谁将为团队提供资源(人员、空间、时间、工具和资金)?	
项目所需的技能	
所需技能	可选为团队成员的人
1.	1.
2.	2.
3.	3.
4.	4.
5.	5.
6.	6.

资料来源:Harvard ManageMentor® on Project Management (Boston:Harvard Business School Publishing,1999)。

图 A—2

组建团队的工作表
团队目标
预计的活动
想要的结果
可供的资源
限制
必备的技能和素质
团队成员
决策权限(比如:推荐或者执行)

打造优势团队

持续时间

资料来源：Harvard ManageMentor® on Leading a Team (Boston：Harvard Business School Publishing,1998)。

图 A—3

评估群体是否是团队的核查表

1. 团队的人数是否少到能够容易地开会和交流，进行公开、互动的讨论，理解成员的角色和责任？
2. 在职能领域和技术领域，在问题解决和决策方面，在人际能力方面，各种技能的互补程度都足够高吗？
3. 团队是否有一个明确的、有意义的目标？所有成员都承诺这个目标吗？
4. 有一套大家一致认可的绩效目标吗？
5. 工作方式清晰和被大家接受吗？这种工作方式能发挥所有成员的技能吗？
6. 就某个特定的目标各个成员都能团结起来，相互依靠吗？

资料来源：Harvard ManageMentor® on Leading a Team (Boston：Harvard Business School Publishing,1998)。

图 A—4

项目进度报告

项目：	准备人：
本阶段开始时间：	报给：

现状

现阶段的主要目标：

已完成的	接下来要做的

主要问题：

已解决的	有待解决的

附录A 有用的实施工具

主要决策：

已做出的	要做出的	由谁做出	什么时候做出

预算状况：

结论

注意以下各项的任何变化：目标、时间表/交付日期、项目范围和资源分配（包括人员和资金）。

下一步

列出将要采取的、推进项目成功的具体行动步骤。

可能的话，在每个步骤后写上负责人的名字和日期。

步骤	负责人	日期

评价

资料来源：Harvard ManageMentor® on Project Management (Boston：Harvard Business School Publishing, 1999)。

打造优势团队

哈佛商务指南

打造优势团队

附录 B 有效培训的指南

附录 B　有效培训的指南

培训是团队领导为团队所做的贡献之一。培训的目的是帮助他人提高工作绩效。

先从观察开始

有效培训的第一步是弄清情况，即了解被培训者及其现有的技能。弄清情况的最好方法是通过直接观察。你的目标应该是发现此人的强项和弱项，清楚他的行为对他的同事的影响，对他实现其目标的能力的影响。你观察的时候，脑中要想到以下几点：

- 知道此人在做什么，什么做得不好。要尽可能地准确，并尽量找到问题的根源所在。看看下面这个例子：

在几次团队会议上领导对哈丽雅特（Harriet）做了观察，并发现了她的一些问题：她经常打断别人的话。这种行为像是在阻止别人表达观点。观察力较弱的人会说："哈丽雅特缺乏团队精神。"但这种总括性的结论无法指出哈丽雅特的具体问题——那种能通过培训来解决的问题。

附录B 有效培训的指南

- **避免做不成熟的判断**。一两次的观察可能还不足以给你留下一个全面的印象。因此,要持续地观察,特别是当你对自己的感觉不是很确定时。

- **检验你的推测**。在合适的时候,与你信任的其他领导或你的同事讨论你所发现的情况。看看他们的观察能不能对你的观察有所补充。

- **避免不现实的期待**。不要用你自身的标准去要求别人。订立了一套很高的标准,期望自己达到要求,这让你取得了辉煌的工作记录,并让你的事业蒸蒸日上。想当然地以为别人也有同样的动力和同样的精力,可能是既不现实也不公平的。

- **仔细倾听**。有人向你寻求帮助的时候,也许你根本就没有注意到。你要问自己"我错过听人说话的机会了吗?"人们并不是总能知道他们需要什么样的帮助,或者如何向人请求这种帮助。如果你瞅见了这种机会,要花时间积极地听取别人的直接汇报。

与别人商讨你的观察所得

如果你认为培训能够帮上忙,你就要与那个有问题的人好好谈谈——要限于你所观察到的行为。例如,一开始你可以这样说:"我发现你经常在会上打断别人。"你还可以说一下此人的行为对群体目标和同事的影响。例如,你可以这样建议:"如果我是你的一个团队伙伴,我会把你老是打断别人的习惯当成是你想把持会

议。"

在描述行为及其影响时你要真挚而坦诚,这样你的话也就更能支持你的观点。不要讨论行为后面隐藏着什么动机,讨论只会让对方觉得他在遭受人身攻击。不管怎么说,这些动机不过纯粹是你个人的推测罢了。下面这句话中提到的就是一种猜测的动机:"你不能按时完成报告,我想是因为你不喜欢这种类型的工作。"

做一个积极的倾听者

作为培训师,你必须非常了解对方。你可以通过**积极倾听**做到这一点。积极倾听鼓励沟通,并且不会让对方觉得紧张。一个会积极倾听的人通过以下行为来对讲话者保持注意:

- 维持目光接触
- 在合适的时候要微笑
- 避免受到干扰
- 只有在必要的时候才做记录
- 对肢体语言要敏感
- 听完后再评价
- 不要打断对方,除非是要求他说得更细一点
- 重复对方讲过的话表示你正在倾听,例如你可以说:"如果我没听错的话,你觉得比较难办的事情是……"

附录B 有效培训的指南

问有针对性的问题

问有针对性的问题能帮你理解他人,从中你还可以发现他的视角。这些问题中有些是开放的,有些是封闭的。每种问题都能引出不同的回答。

开放问题的好处是邀请对方参与和分享想法。把它们用到以下方面:

- 探索选择方案:"如果……会发生什么事?"
- 试探别人的态度或打听别人的需要:"你觉得我们此前的进度如何?"
- 分清问题的主次并允许对方解释:"你认为这个项目的主要问题是什么?"

封闭问题的答案只有"是"与"不是"两种。把它们用到以下方面:

- 你所关注的回答的内容:"项目跟得上进度计划吗?"
- 确认对方说过的话:"噢,看起来你的最大麻烦是计划自己的时间?"

如果你想对对方的动机和感情知道更多,那就选用开放的问题。问完这一系列的问题后,你也许就能看出她的观点和对问题更深的思考。这反过来能帮你设计出更好的建议。

造优势团队

开始培训

一旦你摸清了被培训者及其情况,你就可以开始培训。有效培训提出想法和建议的方式不仅能让被培训者听到他们接收的想法和建议,而且能对它们作出回应,并能看出它们的价值。以一种清晰、平稳的方式来表述你的观点十分重要。

- 描述此人的情况时要不偏不倚。
- 陈述你的观点。
- 让别人清楚你观点后面的想法。
- 如果你自己的经验能有所帮助,分享它们。
- 鼓励此人讲出自己的视角。

在沟通中,如果你不仅能阐述自己的观点,而且能征求对方的意见,那你们的协作将会非常成功。过分依赖后者,对方就会隐藏一些重要信息和掩盖自己的立场;相反,如果你过多地用到前者,就可能创造一种你所主导的气氛以致破坏了你们间的培训关系。

双向反馈

把你的反馈给予对方和接收对方的反馈是培训的一个关键部分。这种双向的反馈交流贯穿于整个的培训过程:找出要解决的

附录B 有效培训的指南

问题,一起制定行动计划,评估结果等。下面是针对你给予对方反馈的一点提示:

- 关注行为,而不是性格、态度和人格。
- 说明那人的行为对项目或对团队伙伴的影响;但避免使用判断性的言语,这会激起他为自己辩驳。例如,不说"你这家伙不仅粗鲁而且专横",而说"在我们最近开的三次会议上每次你都要打断弗雷德(Fred)好几回"。
- 避免一些总括性的话。例如,不说"你干得棒极了",而说些更具体的东西,像"你报告中用到的幻灯片真不错,你要讲的东西让人一清二楚"。
- 要真诚。把你的反馈给予那人,目的是帮他提高。
- 要现实。关注对方可以控制的因素。
- 在培训的过程中,你要尽早地、经常地给予对方反馈。经常在事后提出反馈意见要比不经常的反馈有效得多。

你还要乐意接受有关你培训效果的反馈。能够征求反馈并处理它们的培训师能够更好地了解自己管理风格的效率,并能建立更强的信任。为了提高接收反馈的能力,你要问一些具体的信息。例如,问"我说过的什么话让你觉得我对你的提议不感兴趣?"或者"我的建议对你有多大帮助?"

当你要对方澄清某事时,不要搞得他要为自己辩驳。不说"你说我对你的想法怀有敌意,你到底什么意思嘛?"而说"你可以给我一个例子吗?"另外你还要:

- 不仅愿意接收肯定的反馈,还要接收否定的反馈。

- 鼓励那人避免使用那些情绪化的词语。例如,试试这个"你说我经常不知变通。到底是什么事给你这样的感觉,能不能说说?"

不管是肯定的反馈还是否定的反馈,你都要感谢那人把它们提供给你。这样做可以建立信任,并能为你的培训对象做一些积极行为的表率。

很多组织使用"360度反馈计划"(360-degree feedback programs)来促使团队成员相互之间的反馈,特别是给团队领导提供一些诚实的反馈。这种类型的反馈能增加"人与人的一致"——即尽量达成自我评价与别人对自己的评价相一致;这能够支持团队效率。

制订一项行动计划

有些培训的情况得益于一项行动计划。一个明显的例子是,在某种情况下,一个人的绩效必须在某段时间内达到某个标准或者达到某种消除风险的要求。另外一种情形是,你有了一个优秀的团队伙伴后,你希望利用几个月的时间为一个更高级的工作做好准备。无论是哪种情况,一项计划都可确保对绩效提高的系统关注。

行动计划应该由被培训者来写,计划里要写出行为的具体变化和他必须要学会的新技能。和其他有效的计划一样,这个计划

附录B 有效培训的指南

中也要有时间表和衡量成功的标准。在制订行动计划中,你的任务有以下这些:

- 确保目标的现实性
- 帮助那人分清实现目标的主次任务。
- 重点强调可能遭遇的障碍,动脑筋想好可能的解决方案。
- 看看还需要哪些额外的培训支持和训练。

你们一起就此问题达成一致意见。你的加入表明你在乎他的成功,也表明你对计划的承诺。

做好跟踪

有效的培训还包含跟踪这一项,跟踪可以检查进步和帮助个人继续提高。你的跟踪可能包含以下这些:

- 询问一下什么进展良好,什么不那么好
- 分享你的观察,强化积极的进步
- 找出继续培训和互相反馈的机会
- 发现行动计划需要修正的地方
- 问问培训的哪些方面是有帮助的,哪些方面可以改进

如果你是一名新的经理人,或者是培训的新手,最初的工作可能不是很顺畅,效果也可能不是很好。记住,随着锻炼的增多,你会变得越来越得心应手。

资料来源:Harvard ManageMentor® on Coaching。

打造优势团队

哈佛商务指南

打造优势团队

附录 C　解决团队问题的指南

附录 C 解决团队问题的指南

问题	典型行为	推荐办法
不健康的冲突	● 人身攻击 ● 嘲笑 ● 在激烈的讨论中有些成员不言语 ● 斗嘴 ● 不表达对别人观点的支持 ● 过于强烈的动作示意	● 打断人身攻击和嘲笑 ● 让成员们描述行为而不是做人品攻击 ● 鼓励每个成员都发表观点 ● 回顾或者树立有关争议问题的讨论标准
不能达成一致意见	● 死守立场,不管别人的意见 ● 不断重复那些没有新意的陈词滥调 ● 没有人正式对讨论进行总结	● 恳请成员提大家感兴趣和需要的信息 ● 讨论:如果达不成一致会有什么后果 ● 询问一下什么事能圆满结束讨论
团队不能很好地沟通	● 成员们打断别人说话或说话时大声压过别人 ● 有些成员一言不发 ● 问题得到了暗示但没有得到正式解决 ● 没有要求进一步说明的情况下就假定是某个意思 ● 非言辞的信号与所说的东西不一致	● 回顾或者树立有关讨论的标准 ● 积极地征求所有成员的观点 ● 例行地让成员说得更具体一点并举出例子 ● 处理与言辞内容不一致的非言辞信号 ● 考虑请一位团队外面的协调人
缺乏进步	● 开会像是在浪费时间 ● 行动未能按时完成 ● 经常要回头找已经了结的事项	● 重新申明方向并评估哪些事情有待完成 ● 让成员们找出工作延迟的原因,让成员进行头脑风暴寻找解决问题的方案

附录C 解决团队问题的指南

		● 领导要提请大家注意以前的决策,让大家把注意力放在下一步的工作上来避免旧事重提
参与率低	● 分配的任务没能完成 ● 参加会议的人极少 ● 对会议缺乏热情	● 要让成员知道领导期望大家多多参与 ● 恳请成员说出他们不愿参与的原因 ● 制定一项计划来处理导致低参与的原因 ● 评估成员是否适合团队任务
目标不明确	● 个别成员吹捧那些与团队目标相冲突的结果 ● 在讨论中成员们立场不坚定 ● 团队在讨论那些与团队目标无关的行动上花费过多时间	● 每次会议都提示成员不要忘记团队目标 ● 询问一下所讨论的每项行动对团队目标有何贡献 ● 对过早达成的一致意见持怀疑的态度。让成员们对那些大家很快就同意的事项唱反调
领导不力	● 领导没能征得团队成员的足够参与 ● 领导做了所有的工作 ● 团队落后于进度 ● 冲突不健康 ● 缺乏远见 ● 领导鼠目寸光,意见只能代表部分"选民"而不能代表全体"选民"	● 鼓起勇气:去见领导表明你对领导不得力这件事的关注 ● 看看你能做点什么帮助领导更有效率,例如自愿承担一些额外的任务 ● 如果领导问题得不到改善,向发起人表示你的关注
缺乏管理层的支持	● 团队的工作被管理层否决 ● 高层领导表达对团队工作的不安 ● 没能为团队提供必需资源	● 出现了以下几种阻碍团队的问题中的一种: 1.团队没有一个称职的发起人 2.发起人未能定好团队目标和配备好资源

造优势团队

		3. 没能让发起人和其他利益相关者知道团队的进步
		• 与发起人一起厘定团队的章程和争取到资源
缺乏资源	• 投入到团队中的工作未能与常规的工作职责取得平衡	• 与发起人和成员的主管协商，争取在团队工作和常规工作之间达成某种平衡
	• 缺乏购买必备材料或聘请外脑的预算	• 就预算进行协商
		• 如果发起人和利益相关者在必需的时间和资源上不愿商谈的话，团队是不可能成功的；那就要考虑解散团队了
找不出什么地方出了问题		• 与人力资源部联系，请求给予一些指导

版权© 1997，哈佛商学院出版公司。所有权利保留。未经许可不得使用。

打造优势团队

注 释

注　释

第 1 章

1. J. Richard Hackman, *Leading Teams: Setting the Stage for Great Performance* (Boston: Harvard Business School Press, 2002), 41.

2. 同上,42—43。

3. Jeffrey T. Polzer, "Leading Teams," Class note N9-403-094 (Boston: Harvard Business School, 2002), 3-5. 这份讲义中收录了波尔泽和其他几位学者的研究成果。

第 2 章

1. Jon R. Katzenbach and Douglas K. Smith, *The Wisdom of Teams: Creating the High-Performance Organization* (Boston: Harvard Business School Press, 1993).

2. J. Richard Hackman, *Leading Teams: Setting the Stage for Great Performance* (Boston: Harvard Business School Press, 2002).

第 3 章

1. Michael Wachter, *8 Lies of Teamwork* (Avon Lake, OH: Corporate Impact, 2002), 60.

2. Richard Leifer, Christopher McDermott, Gina Colarelli O'Connor, Lois Peters, Mark Rice, and Robert Veryzer, *Radical Innovation: How Mature Companies Can Outsmart Upstarts* (Boston: Harvard Business School Press, 2002), 163.

3. Niccolò Machiavelli, *The Prince*, 参见 http://www.bibliomania.com(2003 年 9 月登录),第六章。

4. Bernard DeVoto, ed., *The Journals of Lewis and Clark* (Boston: Houghton Mifflin Company, 1953), lii-liii.

5. Stephen E. Ambrose, *Undaunted Courage: Meriwether Lewis, Thomas Jefferson, and the Opening of the American West* (New York: Simon & Schuster, 1996), 117-118.

6. Gregory H. Watson, *Strategic Benchmarking: How to Rate Your Company's Performance against the World's Best* (New York: John Wiley & Sons, Inc., 1993), 114-115.

7. Jeffrey T. Polzer, "Leading Teams," Class note N9-403-094 (Boston: Harvard Business School, 2002), 7.

8. Jon R. Katzenbach and Douglas K. Smith, "The Wisdom of Teams," *Harvard Business Review*, March-April 1993, 118.

9. 作者同上, *The Wisdom of Teams: Creating the High-Performance Organization* (Boston: Harvard Business School Press, 1993), 62。

10. J. Richard Hackman, *Leading Teams: Setting the Stage for*

Great Performance (Boston: Harvard Business School Press, 2002), 83.

11. 同上, 74。

第 4 章

1. Jon R. Katzenbach and Douglas K. Smith, "The Discipline of Teams," *Harvard Business Review*, March-April 1993, 118.

2. Michael Wachter, *8 Lies of Teamwork* (Avon Lake, OH: Corporate Impact, 2002), 77.

3. J. Richard Hackman, *Leading Teams: Setting the Stage for Great Performance* (Boston: Harvard Business School Press, 2002), 87.

4. See Turid Horgen, Donald A. Schon, William L. Porter, and Michael L. Joroff, *Excellence by Design: Transforming Workplace and Work Practice* (New York: John Wiley & Sons, Inc., 1998).

5. Thomas J. Allen, "Communication Networks in R&D Labs," *R&D Management* 1 (1971): 14-21.

6. Marc H. Meyer and Alvin P. Lehnerd, *The Power of Product Platforms: Building Value and Cost Leadership* (New York: Free Press, 1997), 137.

7. Katzenbach and Smith, "The Discipline of Teams," 118.

第 5 章

1. Gregory H. Watson, *Strategic Benchmarking: How to Rate Your*

Company's Performance against the World's Best (New York: John Wiley & Sons, Inc., 1993), 113-117.

2. J. Richard Hackman, *Leading Teams: Setting the Stage for Great Performance* (Boston: Harvard Business School Press, 2002), 205.

3. Jon R. Katzenbach and Douglas K. Smith, "The Discipline of Teams," *Harvard Business Review*, March-April 1993, 116.

4. Jeffrey T. Polzer, "Leading Teams," Class note N9-403-094 (Boston: Harvard Business School, 2002), 17-18.

5. 节选自 Harvard ManageMentor® on Creativity。

6. Dorothy Leonard and Walter Swap, *When Sparks Fly: Igniting Creativity in Groups* (Boston: Harvard Business School Press, 1999), 6.

第 6 章

1. Jeffrey T. Polzer, "Leading Teams," Class note N9-403-094 (Boston: Harvard Business School, 2002), 15.

2. 此部分节选自 Harvard ManageMentor® on Leading Teams。

3. Shawn L. Berman, Jonathan Down, and Charles W. L. Hill, "Tacit Knowledge As a Source of Competitive Advantage in the National Basketball Association," *Academy of Management Journal*, 45, no. 1 (2000):18.

4. J. Richard Hackman, *Leading Teams: Setting the Stage for Great Performance* (Boston: Harvard Business School Press, 2002), 27.

5. Amy Edmondon, Richard Bohmer and Gary Pisano, "Speeding Up Team Learning" *Harvard Business Review*, October 2001, 6.

第 7 章

1. 本章节选自 Harvard ManageMentor® on Virtual Teams。

2. Gary M. Olson and Judith S. Olson, "Distance Matters", *Human Computer Interactions*, 15 (2000): 141.

第 8 章

1. Morten Hansen, "FT Summer School Day 4—Knowledge Management," *Financial Times*, 8 August, 2002, 14.

2. John C. Maxwell, *The 17 Essential Qualities of a Team Player: Becoming the Kind of Person Every Team Wants* (Nashville: Thomas Nelson Publisher, 2002), 25.

3. Robert H. Schaffer and Harvery A. Thomson, "Successful Change Programs Begin with Results," *Harvard Business Review*, January-February 1992, 80-90.

打造优势团队

术语表

术 语 表

章程(CHARTER)：关于团队要做的工作的简洁的书面描述。章程中可能包含的内容有发起人的姓名,时间表,对可交付成果及其对公司利益的描述,此外还包括预算。

培训(COACHING)：一种双向的活动,各方分享知识和经验以使团队成员的潜力得到最大的开发,帮助他完成大家认可的目标。

集合思维(CONVERGENT THINKING)：一种思维方式,评价各种观点后,决定哪些有创新性并值得采用。它把发散思维的结果转化成具体的行动建议。

分散思维(DIVERGENT THINKING)：一种思维方式,人们抛弃熟悉的和已有的看待和处理问题的方式,以新的眼光来看待旧的事物。

协调人(FACILITATOR)：对基于团队的工作而言,是指帮助人们沟通和协作的一个受过特殊训练的人。总的来说,协调人是团队外面的顾问。他们并不插手团队的任务,只是提供一些专门技术的建议和帮助。

免费搭车者(FREE RIDERS)：是指一种团队成员,他们获得了作为团队成员的所有好处,却没有做出他们应该为团队做的那份工作。

群件(GROUPWARE)：一种有助于人们一起工作的应用软件。

人际技能(INTERPERSONAL SKILL)：一种与别人高效、和谐工作，并能参与到建设性争论中的能力。

组织技能(ORGANIZATIONAL SKILL)：一种与公司中其他部门沟通以及分享资源的能力。

项目管理(PROJECT MANAGEMENT)：项目管理是全过程地管理一个重点的、以目标为导向的工作。其中会涉及到配置人员和资源，协调各种活动和开销，监督绩效。典型的项目有四个阶段：计划，巩固，实施和结束。

项目计划(PROJECT PLAN)：一种团队章程，但是它对任务、阶段目标、可交付成果、风险和时间表等界定得更加详细。

项目团队(PROJECT TEAM)：因处理一种非常规的、有时限的任务而组建起来的团队。

自我管理工作型团队(SELF-MANAGED WORK TEAM)：一群得到授权、处理正在进行的特定任务的人组成的团队。多数情况下，这种团队有权挑选自己的领导和新成员，甚至还可以解雇那些达不到团队标准的成员。

团队(TEAM)：具有互补技能的一群人，为实现共同目标组织起来的群体，他们之间相互依靠。

团队章程(TEAM CHARTER)：见章程。

团队流程(TEAM PROCESSES)：团队成员之间的协作和信息分享。

造优势团队

技术技能(TECHNICAL SKILL)：在特定专业和特定活动上的专门技能，例如在工程、软件编程和财务方面的技能。

虚拟团队(VIRTUAL TEAM)：是指这样一个团队，成员们很少见面，而是以其他方式来实现相互间的沟通，例如通过电子邮件、语音邮件、电话、群件和视频会议等进行沟通。

工作群体(WORK GROUP)：一个经理领导两个或两个以上的雇员。互动只存在于每位群体成员与经理之间，在完成任务时雇员之间却不存在互动。

打造优势团队

扩展阅读

扩展阅读

各种团队

Harvard Business School publishing. *The Art of Managing Effective Teams*. *Harvard Management Update* Collection. Boston：Harvard Business School Publishing，1999.

《哈佛管理前沿》的编辑们所选的这本合集为你提供了一些有助于你们团队成功的专家观点、洞见和问题解决方案。

Jassawalla，Aran R.，Hemant C. Sashittal. "Strategies of Effective New Product Team Leaders". *California Management Review*，January 2000.

这篇论文专门研究了新产品团队。这种团队的领导很清楚他们所面临任务的复杂性，清楚在跨职能团队加速产品开发流程之前必须要进行的改变。可是，能一贯坚持这些观念并做出有意义的改变的领导少之又少。这篇论文透露了一些领导高效产品团队的秘密。

Jones，Steven D.，Michael M. Beyerlein，and Jack J. Phillips，eds. *In Action*：*Developing High-Performance*

Work Teams. Vol. 1. Alexandria, VA: American Society for Training & Development, 1999.

  本书研究的 14 个案例展现了在工作场所中实施团队方式的各种方法——包括与虚拟团队相关的一些方法。如何从主管转变成团队领导,对此本书也提供了指导。

Katzenbach, Jon R., and Douglas K. Smith. "*The Discipline of Teams.*" *Harvard Business Review* OnPoint Enhanced Edition. Boston: Harvard Business School Publishing, 2000.

  团队的精髓是大家共享承诺。没有承诺,群体就会像单个人一样行动;有了承诺,群体就变成了一个具有集体绩效的单位。团队和其他工作群体的本质区别在于绩效。工作群体的群体绩效取决于其成员的个人贡献。不同的是,团队会努力实现一些其成员个人所不能实现的东西。最好的团队会花费很多时间来形成一个目标,然后它们把这个目标分解成多个具体的绩效目标。团队成员会帮助他们的伙伴,由此他们变得相互依靠。两位作者还指出了团队的三种基本类型:提建议的团队,做事的团队,负责实施的团队。关键的问题是懂得在组织的哪些地方鼓励使用真正的团队。在任何等级森严和组织界限制约良好绩效的地方都有建立团队的可能。

  两位作者在他们合著的《团队智慧——创建高绩效组织》(*The Wisdom of Teams: Creating the High-Performance Organization* (Boston: Harvard Business School Press, 1993))一书中更加详细地阐明了他们的观点。

Parcells, Bill. "The Tough Work of Turning Around a Team."

造优势团队

Harvard Business Review, November-December 2000.

如何力挽狂澜,让一个困难重重的团队摆脱背运?全国橄榄球联盟最成功的教练之一,比尔·帕斯尔斯,为经理们提供了三条建议:(1)第一天你就要明白是你在负责管理,(2)认为面对困难是健康的情况,(3)确定一些小目标然后逐个击破。正如帕斯尔斯说的,如果你们团队中的人都心怀共同目标和充满工作热情,那么你就可以激励出他们的最大潜能,由此团队也一定会变成最优秀的。

Wellins, Richard S., Dick Schaff, and Kathy Harper Schmo. *Succeeding with Teams: 101 Tips That Really Work*. Minneapolis: Lakewood Books, 1994.

本书的对象是那些处于团队发展过程中的人——不管他们处于何种阶段。如何通过团队获得成功,对此本书做了多种提示。各章论述的内容有:评估团队是否做好了准备,明确界定各种职责,确定目标和制定团队章程等。本书提供的信息十分简明,容易理解消化,读者可以把它用作快速查考书。

虚拟团队

Harvard Business School Publishing. "Communicating with Virtual Project Teams." *Harvard Management Communication Letter*, December 2000.

如果一个项目团队的成员们分布在几个大洲和几个时区,你怎么能把这些人集聚到一起?请进入一种新的网络产品——"虚拟工作空间"(virtual work space)。输入帐户和密码后你就能进入一个网站,网站上提供的服务有电子邮件、信息存储、聊天室和进度安排等。这篇论文评述了此类服务的优缺点,另外还列出了一些网址帮助你学习更多的相关知识。

Harvard Business School Publishing. "Creating Successful Virtual Organizations." *Harvard Management Communication Letter*, December 2000.

工作的世界在很多方面与十年前相比已经完全变了样。你看不到与你一起工作的人——你们可能素未谋面。你的同事在各个时点进进出出,穿着各异,他们还可能不是同一个公司的雇员。工作情况如此复杂。总之,实现良好的沟通十分困难,但比起以往来又更为必要。这篇论文征求了一些专家的意见:他们是如何看待虚拟时代的基本沟通规则的。

Kiser, Kim. "Working on World Time". *Training*, March 1999.

凯泽研究了如何在虚拟团队环境中建立信任和如何利用技术等问题。

Lipnack, Jessica, and Jeffrey Stamps. *Virtual Team: Reaching Across Space, Time, and Organization with Technology*. New York: John Wiley & Sons Inc., 1997.

两位作者向读者指出影响虚拟团队建立和维护的各种问题,并在本书中提供了全面、清晰的指导。内容有:人员、目标和联系方面的基本原则,技术上的考虑,沟通战略等。两位作者还讲述了虚拟团队会遭遇的特别挑战,并给出了面对这些挑战的建议。

造优势团队

Malone, Thomas W., and Robert J. Laubacher. "The Dawn of E-lance Economy." *Harvard Business Review*, September-October, 1998.

在虚拟团队时代，你和你的团队可能早已发现有时与你们一起工作的人是那些"电子职业者"(e-lancer)——即那些独立的产品或服务的提供者，他们以个人电脑与电子网络形成连接，通过实时变化的电脑网络把产品和服务提供给顾客(e-lancer 一般是指通过电话、传真、电子邮件等通讯手段为一个或多个雇主提供服务而无须到公司上班的自由职业者——译注)。这篇论文研究了电子交易是如何有望掀翻旧的商业规则，甚至淘汰传统大公司的。从很多方面看，电子交易经济已经降临到我们身边，可以从以下这些方面看出这点：资源外化和无线通讯的兴起，特定项目团队变得愈发重要，互联网的演变等等。这种新经济的配套基础设施也已经建设完成，包括高效的网络、数据交换的标准、群件和电子货币等。两位作者还研究了可能从这种经济中兴起的机会和挑战；并谈到一些基本变化，这些变化可能会重塑团队领导的角色。

Maruca, Regina Fazio. "How Do You Manage an Off-Site Team?" *Harvard Business Review* OnPoint Enhanced Edition. Boston：Harvard Business School Publishing, 2000.

对这个假设的案例研究中，《哈佛商业评论》的编辑雷吉娜·F. 马鲁卡探索了管理不同工作场所中的雇员时所遇到的挑战。艾利森·谢尔(Allison Scher)以辞职相威胁。彭尼·瑞安(Penny Ryan)想获得团队的管理权。他们的经理，克雷格·比德尔(Craig Bedell)在另一个地方工作，两位员工与他的冲突让他觉得自己受到了突然的袭击。这些乱糟糟的事情让人力资源部经理玛吉·平托(Maggie Pinto)开始考虑她是否应该取消首次公司范围内的无线通讯项目展览。情况为什么一下子变得这么紧急？如何平息这些短期的问题和为未来的成功打下基础,对此四位评论者提供了他们的建议。

打造优势团队

哈佛商务指南

打造优势团队

顾问和作者简介

顾问和作者简介

关于内容顾问

杰弗里·波尔泽(Jeffrey T. Polzer)是哈佛大学商学院的组织行为学副教授。他对影响团队绩效提高的多种因素做过研究。他研究了群体联系——特别是在多样化的工作团队中——如何影响人们的决策和社交互动。波尔泽教授在多家顶级管理期刊上发表过文章;2002年他的论文被管理学会(the Academy of Management)认定为年度最佳组织行为学论文。

波尔泽教授在哈佛大学商学院教授二年级的MBA课程"领先团队"(Leading Teams)以及博士学位课程"人的行为"(Human Behavior);此前他还教授过MBA的必修课程"领导和组织行为学"(Leadership and Organizational Behavior)。来哈佛大学之前,波尔泽教授曾任教于西北大学(Northwestern University)和位于奥斯汀的得克萨斯大学(University of Texas)。他从西北大学的凯洛格管理学院(the Kellogg Graduate School of Management)获得了自己的博士学位。在这些学校中他曾讲授过多种管理培训课程。

关 于 作 者

理查德·吕克(Richard Luecke)是本书的作者。他还是哈佛商务指南系列中的其他几本书的作者。吕克先生现住在马萨诸塞州的塞勒姆,他已经写作和编写了三十多本书,并发表过几十篇有关多种商业学科的论文。他从圣·托马斯大学(University of St. Thomas)获得了自己的 MBA 学位。

打造优势团队

哈佛商务指南

打造优势团队

译 后 记

译 后 记

在商界,"团队精神"十分盛行,它也成了很多跨国公司录用员工的标准之一。事实上,很多人并不明白团队精神到底有怎样的内涵。本书第八章中提到一句:有团队精神的人是信守承诺的人,能协作的人,有能力的人。这是全书的点睛之笔,非常精炼,它指出了团队精神的三个主要方面,其中每个方面又都隐含着丰富的内容。首先是承诺,认同团队及其目标后心中才可能涌出真正的承诺,信守承诺才能为团队倾尽所能无私奉献。其次是协作,只有相互协作才能形成协力优势,这要求良好的沟通、相互协调等。最后是能力,不仅包括专业技术技能,还包括人际、解决问题、组织等方面的技能,还有学习能力和创新能力等。如果团队领导和团队成员缺乏团队精神,团队也就丧失了成功的可能。这也是本书的主要思想。

团队历史悠久,过去也有团队做事的例子,它们也许并无团队之名,确有团队之实。现代社会让人才的专业化程度愈来愈高,他们是自己所在专业领域中的行家。而一项工作所需的专业技能是方方面面的。人才知识的单一与工作所需能力的多样化的矛盾是团队生存的土壤。把多种具有互补技能的人集聚在一起工作实现一个目标——这便是团队。恰如器官的移植难以避免受体对

译后记

供体的排斥反应,新成员对团队环境一时也难以适应,成员间的差异会在团队中形成一些冲突,这就需要协调。这也就是团队管理的内容。本书提供了很多行之有效的建议,具有很强的操作性;遵循这些建议,你就能润滑团队之轮,使之工作起来具有高绩效。

本书的写作在内容的广度和深度两方面都下了功夫。作者并没有囿于一己之见,而是参考了多本与团队有关的论著,更有哈佛商学院出版社的三大品牌期刊——《哈佛商业评论》、《哈佛管理前沿》和《哈佛管理通讯》的支持。作为指南性的读物这是必要的,它要给读者一种全面的印象,又要在关键之处多施笔墨。章节的安排由浅入深,写作手法循循善诱,带着读者登堂入室。你如果能静心地读完这本书一定会有所受益。

翻译的过程是痛苦的,而完成后的感觉是让人欣喜的。从2006年6月份拿到原书开始下笔翻译到年终定稿,这本书的翻译花去了我半年的时间。白天工作很忙,每天都有工作定额,我只能利用自己的业余时间,晚上和周末在自己的笔记本电脑上敲出这本书。

经管图书的翻译不同于文学翻译。文学翻译可以演绎,甚至可以天马行空地发挥;经管图书却不可以,传达原作者的本意是重中之重,而不是饰以华丽的词藻。我翻译这本书尽量做到实而不华,紧扣本旨。阅读译文好像品尝被人嚼过甘蔗,失却原著的甜美;我尽量不过多压榨原著的汁液,不让读者感到淡而无味。然而,这点谈何容易!英汉两种语言存在天然的差异,英美人写

造优势团队

文章多长句,句子间又有各种起承转合,以此来体现他们的逻辑性。汉语中更多灵活的短句,如果照着原文那样译文也用长句就可能让读者觉得拗口费解,如果化长为短又担心在句群的逻辑性上失真。如何在两者之间寻求一种平衡实在是戴着脚镣跳舞的事情。

我们的经营管理思想多借鉴于国外,有些概念在国外已经很成熟,被广为接受——而我们国内还没有形成统一的说法,还有一些概念国内从来无人提及。如何鉴别、取舍实在是很费脑力的事。我翻译时,尽量采用通说,有时参考一下港台的通译。有些概念实在无据可查,我就搜索含有这些词的英文网页进行比较推断,揣测原作者的本意,然后给出一种对应译法,并用括号注出英文;有些地方加了"译注",帮助读者化解疑团;如有不妥,请行家指正。网络搜索对我的翻译帮助很大,感觉是自己的"左右手";有了这把利器,我们就可以凌波信步于浩如烟海的电子资料,披沙拣金,去伪存真。

最后我感谢这本书的责任编辑范海燕女士,感谢她的信任和支持,让我勇挑此担,不致气馁。她的鼓励是我翻译这本书的支柱。另外我要感谢那些我有幸结识的以英语为母语的外国朋友。翻译中牵涉到对原著中难句的理解,我曾多次向他们请教,他们有问必答、耐心点拨,让我感动。

译　者
2007 年 1 月